KB089209

높은 투자 수익률을 창출하는 5가지 투자 기법

지분경매의 파생상품

조홍서 지음

두드림미디어

부동산 경매·공매가 대중화되어 공부를 해도 수익을 내기가 어려운 세상이 되었다. 지분경매는 경·공매 시장에서는 그래도 특수물건으로 분류가 되어 있으나 막상 법원에 입찰하러 가보면 경쟁률이 너무 높아 좀처럼 낙찰받기가 힘든 것이 현실이다.

그래서 지분경매에 1가지 또는 2가지를 결합함으로써 일반 투자자들이 접근하기 힘든 새로운 투자 영역인 '지분경매 파생상품 5가지'를 활용해 투자 수익률을 높이는 것이 이 책의 목적이다.

- 지분경매 + 대부업
- 지분경매 + 토지 보상 경매
- 지분경매 + 산림청임야 매도법
- 지분경매 + 분묘기지권
- 지분경매 + 법정지상권

저자의 전작《지분경매로 토지 개발업자 되기》와《사례로 풀어보는 지분경매》를 통해 지분경매를 새롭게 경험한 경매 투자자들의 투자 수익을 더욱 높이기 위해 먼저 '금융 투자'의 기초인 대부업과 지분경매를 결합한 파생상품을 소개해보려고 한다. '지분경매 + 대부업'을 한 테마로 새로운 투자 영역에 도전해보자!

요즘 같은 부동산 불황기에 경매 투자자들이 소액 투자 자금으로는 더 이상 투자할 곳을 찾지 못해서 이곳저곳을 기웃거릴 때, '지분경매' 분야를 알게 되어 이 투자를 통해 수익을 내는 분들이 많아지고 있다는 소식을 접하고 있다. 이로 인해 더욱더 책임을 느끼며, 좀 더 새로운 투자 분야의 개척을 위해서 오늘도 연구하는 자세로 하루하루를 보내고 있다.

'지분경매'를 넘어서 투자 분야를 한층 업그레이드해 '대부금융'에 대해서도 스터디하면서 근저당권 매매에 접근하고, 근저당권에 관해 관심을 가지다 보면 금융 분야에 접근하게 되는 것이 현실이다.

'지분경매'로 낙찰받은 투자자들의 잔금대출을 알아보면 1, 2금융권에서는 '지분경매 잔금대출'을 취급하는 금융권이 전혀 없다시피 한 것이 현실이다. 이럴 때 지분경매 낙찰자를 위해 지분에 대한 경락잔금대출을 해준다면 상당한 도움이 될 것이다.

예를 들어 지분경매에서 아파트 1/2 지분을 낙찰받은 후, 타 지분권자와 협의하는 과정에서 내가 '대부 금융' 정보에 해박하다면, 대화 중 나머지 1/2 지분권자가 여러 이유로 돈을 빌려달라는 경우도 생길 수 있다. 그러나 이럴 때 여러분들 중에는 '왜 위험하게 타 지분권자에게 돈을 빌려주나?'라고 생각하는 사람이 있을 수 있다. 하지만 가만히 생각해보면 이 경우가 그다지 손해 보는 장사는 아니라는 것을 알게 된다.

타 지분권자의 부동산 1/2지분에 채권자는 나 자신으로 하고, 채무자는 타 지분권자로 해서 근저당권을 설정하고, 변제기를 정해 돈을 빌려준 후 타 지분권자가 변제기에 정확하게 차용금액을 변제하지 못한다면, 그 근저당권을 통해 임의경매를 진행하게 되고 여기서 채권자 입장 및 공유자의 권리로써 타 지분권을 매입할 수 있는 기회가 되는 것이다.

또한 '개인이 설정한 근저당권'의 매매를 하다가 자금 부족으로 매입이 힘든 경우에도 '근저당권부질권'을 이용하면 레버리지를 이용한 투자도 가능하다. 물론 개인이 설정한 근저당권에 대한 질권대출은 1, 2금융권의 영역을 넘어서는 부분이라 대출이 힘든 것이 현실이다.

그러나 틈새를 새로운 금융 투자 영역으로 생각해 관심을 둔다면 투자의 한 페이지를 장식할 수 있을 것이다. 이러한 '틈새시장(니치마켓 : Niche Market) 투자'를 할 때는 대부업에 관해 그 실무를 이해해야 올바른 투자를 할 수 있을 것이다.

소액의 종잣돈을 가지고 금융권에서 대출이 안 되는 경매의 특수물건(지분경매, 유치권, 법정지상권 등)에 대해 부동산 등기부등본에 1순위 근저당권을 설정하고, 단기간에 걸쳐 대출해준 후 수익을 창출하는 투자를 한다면, 단순하게 부동산 경매에 투자하는 것보다 한층 안정된 수익을 창출할 것은 자명한 사실이다.

또 채무자의 채무불이행으로 인해 대출금 회수가 곤란할 때, 채권자인 투자자가 직접 경매 신청 후 본인(채권자)이 낙찰받아서 상계 처리를 통해 물건을 낙찰받거나, 경매 집행 후 배당받아서 투자금 및 월 이자, 연체 이자까지도 개인이 채권자인 금융기관의 입장에서 처리해나가는 안전한 투자다. 이러한 투자법이 부실채권(NPL)에서 말하는 '입찰 투자법' 내지는 '배당 투자법'이 아니겠는가?

모두 대부업법에서 허용하는 범위 내에서 투자하기 때문에 안정적인 투자 방법이다. 금융의 한 축인 대부업 하면 '사채'를 생각하지만, 최근에는 대부업에 대한 인식 전환 및 등록업체의 차별화 및 명칭 변경이 꼭 필요하다며 '소비자금융업'으로 바꾸자는 이야기도 있다.

합법 및 불법 사이에서 업의 명칭이 무슨 관련이 있는지 언뜻 이해하기 힘들겠지만, '대부업법'을 '소비자금융업법'으로 바꿔 합법 대부업자는 '소비자금융회사'로, 불법 업자는 '불법사채업자'로 부르도록 차별화하자는 것이다. '소비자금융업'이라는 차별화된 명칭을 쓰면 불법 사채업자들은 자연적으로 시장에서 도태될 것이고, 차차 제도적 개선이 마련되어서 금융소비자들의 권익 또한 증대될 것이다.

'금융'이나 '경매'를 잘 살펴보면, 그 근간은 '대출'이다. 그래서 투자를 통해 수익을 올려보고자 대부금융인 '대출'에 관심을 가져보고 관련

정보도 얻고자 하지만 쉽게 관련 정보를 얻기가 힘들다. 이 책은 제3금융이라는 대부업에 관심을 갖고 접근하는 경매 투자자분들이나 공인중개사, 전주들을 위해 저술했다. '지분경매 + 대부금융'이라는 2가지 테마를 적절하게 응용해 남들과는 다른 투자 분야에서 수익을 내기 위한 노하우가 담겨 있으며, '지분경매 + 대부금융'에 대해 처음 접하는 투자자들에게 대부업법에 적법하게 투자할 수 있는 길잡이로서 사업적인 정보를 제공하고 있다.

대부업을 통한 이자 수입만이 아닌 지분 부동산 매입을 통한 파생상품을 개발해 투자 수익을 극대화시키는 방법을 연구하고, 대부업 제도를 충분히 이해해서 투명하고 합법적인 사업이 되도록 시간을 투자해야 하겠다.

또한 채권에 관한 중요한 부분도 다루는데, 매매에 의해서 승소 판결 (집행권원 획득)을 받은 채권을 양도받아 강제집행을 통해 투자 수익을 얻는 방법도 알려드린다.

'지분경매 + 보상 경매', '지분경매 + 산림청임야매도법', '지분경매 + 분묘기지권', '지분경매 + 법정지상권'의 4가지 파생상품의 투자 솔루션에 대해서도 알기 쉽게 설명했다.

지분경매의 다양한 파생상품에 대해 배우고 익혀 용기를 내서 수익을 내는 경매의 세계로 들어가보자!

조홍서

차례

지분경매 +
대부업

01

대부업과 지분 부동산
매입에 대해

    지분 부동산은 타 공유자의 동의 없이도 자유롭게 매매할 수가 있다. 민법 제263조에 의해 공유자는 다른 공유자의 동의 없이 그 지분을 자유로이 매매할 수 있으므로 이 같은 법리에 따라서 공유 지분을 지분권자로부터 매입하는 것도 지분경매의 하나의 파생상품이 된다.

    공유 지분 부동산을 소유한 공유자가 아무리 자신의 지분을 타 공유자의 동의 없이 단독으로 처분하려고 해도 처분이 불가능한 경우가 많은데, 이러한 부동산에 대해서 지분 부동산 담보대출을 실행하거나, 지분 부동산 매입을 적극적인 사업으로 진행한다면 지분경매의 파생상품으로 새로운 수익 구조가 탄생하는 것이다.

    지분 부동산 매입은 당연히 타 공유자의 동의 없이 진행하는 것이다. 일부러 지분 부동산에 대해서 경매 및 공매가 나오면 입찰도 진행하는데, 타 공유자의 정보를 더 자세히 듣고 알고 접근하는 지분 부동산의 매매계약에 의한 거래는 어쩌면 큰 기회가 되는 또 다른 거래 시장이다.

지분 부동산은 권리관계가 복잡해서 단독으로 매도하거나 혼자서 개발하기 어려워 죽어 있는 자산인 경우가 많은데, 이 같은 부동산에 대해 대출, 또는 매매를 통해서 자연스럽게 어려움을 해소시켜준다면, 새로운 기회인 지분 부동산의 파생상품이 탄생할 수 있다.

거래가 안 되어 죽어 있는 많은 공유 지분 부동산들이 일반 부동산처럼 대출 및 매매가 될 수 있도록 해서 서로 윈윈 하는 상품이 되는 것이다. 이 같은 상품은 대부업 등록을 통해서 대부업 사업자가 되어 합법적으로 진행해야 하는데, 등록대부업자가 된다면 다음과 같은 방법으로 상품을 소개한다.

대상
전국의 토지 및 아파트, 다세대주택 등 부동산을 공유 지분으로 가지고 있는 소유자에 한해 공유자 동의 없이 본인 지분만으로 대출을 원하는 분

대출금액
감정가격의 80% 이내(물건에 따라 차등 적용)

대출금리
연 12~20%(월 1.0~1.6%) 법정이율 연 20% 이내

약정기간
3~12개월(연장 가능)

상환 방법

만기일시 상환, 분할 상환, 중도 상환 가능

구비서류

등기권리증(없어도 무관 : 확인서면), 인감증명 3통, 주민등록 등본 1통

주민등록 원초본 1통, 인감도장, 주민등록증(신분증)

(아파트 및 거주 형태의 부동산일 경우 전입세대 열람 내역 첨부)

공통 사항

타 공유자 동의 없이 본인 지분만으로도 대출 가능

02

대부업 등록 및 자격

대부업은 대부업, 대부중개업, 대부추심업, 대부중개추심업의 4가지로 분류된다.

'추심'이란 단어가 들어가게 되면 금감원 등록사항이고, 대부업과 대부중개업은 지자체 등록사항이다. 하지만 대부업도 총매출 100억 원이 넘거나 두 곳 이상 대부업을 영위하는 경우, 금감원 등록 대상이 된다.

대부업 : 금전의 대부를 업으로 하는 것(최소자본금 5,000만 원)

대부추심업 : 등록된 대부업자 또는 여신금융기관으로부터 대부계약에 따른 채권을 양도받아 이를 추심하는 것을 업으로 하는 것(최소자본금 5억 원)

대부중개업 : 대부중개(중개, 알선, 주선, 컨설팅 등 명칭에도 불구하고 실질적으로 금전의 대부를 중개하는 행위)를 업으로 하는 것(자본금 제한 없음), 그러나 대부중개추심업은 최소자본금 3억 원임.

대부업은 단 1회만 대출을 실행하더라도 등록해야 하며, 등록하지 않고 대부업을 행한 자는 처벌 대상이 된다. 여기에는 지인들에게 단순히 금전을 빌려주고 이자를 받는 행위도 포함된다.

대부업 또는 대부중개업을 하려는 사람은 영업소(본점과 지점 모두 포함)별로 해당 영업소 소재지 관할 특별시·광역시·특별자치시·도 또는 특별자치도(이하 '시, 도'라 함)에 등록해야 한다.

대부업은 등록요건이 상당히 엄격한데 대부업을 영위하려는 자는 '한국대부금융협회'에서 정한 일정한 교육을 이수해야 한다. 또한, 대통령령으로 정하는 고정사업장을 갖출 것을 요구하는데 숙박시설, 단독주택, 공동주택은 제외한 허가된 건축물로서 6개월 이상 임대차계약을 해야 한다.

그리고 대표자, 업무 총괄 사용인이 임원 등의 자격에 적합해야 하는데, 대부업자 등(대표자, 업무 총괄사용인)의 자격 제한 사유(대부업법 제4조)를 살펴보면 다음과 같다.

- 미성년자·피성년후견인 또는 피한정후견인이 아닌 자
- 파산선고를 받고 복권되지 아니한 자
- 금고 이상의 실형을 선고받고 그 집행이 끝나거나(그 집행이 끝난 것으로 보는 경우 포함) 면제된 날부터 5년이 지나지 아니한 자
- 금고 이상의 형의 집행유예를 선고받고 그 유예기간 중에 있는 자
- 금고 이상의 형의 선고유예를 받고 그 유예기간 중에 있는 자

- 벌금형을 선고받고 5년이 지나지 아니한 자

- 대부업 자진 폐업 후 1년 미경과 ☞ 업무 총괄 사용인은 해당 없음.

- 등록취소 처분을 받은 후 5년 미경과 또는 폐업하지 않았다면 등록취소 처분받았
을 상당한 이유가 있는 경우에는 폐업 후 5년 미경과 자(법인인 경우 그 취소 사유 발
생에 직접 책임 있는 임원 포함) ☞ 업무 총괄 사용인은 해당 없음.

대부라는 상호는 반드시 법령에 의해 대부업자는 그 상호 중에 '대
부'라는 문자를 사용해야 하며, 대부중개업자는 '대부중개'라는 문자를
사용해야 한다('대부' 또는 '대부중개' 글자 위치는 상관없음).

법인일 때 대부라는 상호가 없이 법인등기부등본 목적란에 대부업,
대부중개업이 있는 경우에는 등기소에서 등기를 각하 처리하거나 등록
지자체에서 접수가 반려되므로, 반드시 대부라는 상호를 넣고 등기를
완료해야 한다.

03

대부업 등록 교육

대부업에 공유 지분 대부업을 하려면 먼저 지자체 및 금융위원회에 등록신청서를 제출해야 한다. 금융위원회는 금융감독원(이하 '금감원')에 등록사무를 위탁해 등록절차를 진행한다.

지자체에 등록신청서를 제출할 때 필요한 구비서류는 다음과 같다.

지자체 등록 구비서류

- 대부업 교육 이수증(등록신청일 전 6개월 이내 교육 이수증)
- 임대차계약서(6개월 이상)
- 법인인 경우 법인등기부등본, 개인사업자인 경우 주민등록등록
- 인감증명서
- 보증금예탁 또는 공제 가입 서류
- 법인인감증명서
- 정관
- 협회 회원가입증명서 등
- 자기자본 입증서류
- 건축물대장
- 표준재무제표 또는 감사보고서
- 이력서 및 경력증명서

제출 시 대표자의 신분증이 필요하며, 대리 접수의 경우에는 위임장과 수임인 신분증이 있어야 한다.

지자체가 아닌 금융감독원에 등록하는 기준은 다음과 같다.

1. 대부업법에 따라 둘 이상의 특별시, 광역시, 특별자치시, 도, 특별자치도에 영업소를 설치하는 경우
2. 대부채권 매입추심업을 하는 경우
3. 공정거래법에 따라 지정된 상호출자제한기업에 해당하는 경우
4. 최대 주주가 여신금융기관인 경우
5. 자산 규모가 100억 원을 초과하는 법인인 경우

지자체 등록 또는 금감위 등록 여부에 따라 자본금 요건 또한 달라지므로 신청 전에 확인해야 한다.

지자체에 등록하거나 금융위에 등록하거나 공통적으로 한국금융대부협회의 교육을 받아야 한다. 교육이수증은 등록신청일 전 6개월 이내에 발급받은 것이어야 하며, 6개월의 유효기간이 경과하면 신규 등록 및 갱신을 위해 다시 교육을 받아야 한다.

대표자뿐만 아니라 업무 총괄사용인 또한 교육 대상자다. 업무 총괄사용인은 개인업자, 영업소가 법인인 대부업자 등의 지점인 경우 지점장을 말하므로 이들 또한 교육을 받아야 한다.

한국대부금융협회 홈페이지에 접속하면 교육 안내 메뉴가 있는데, 신규 등록을 위해 교육이수를 하고자 하는 경우 회원가입부터 진행하

고 교육 신청을 하면 된다.

지자체대부업 등록은 신청서와 준비서류를 접수하면 지자체는 등록 신청서 작성 방법에 따라 내용이 잘 기재되었는지 확인하고, 법에 맞게 준비서류가 빠짐없이 갖춰졌는지 심사한다. 그리고 대표자 등이 결격 사유가 없는지 조회하고 이상이 없으면 현장실사를 나오게 된다.

지자체의 대부업 등록 처리기간은 접수한 날로부터 14일 정도 소요된다. 그 이후 대부업이 등록되면 대부거래계약서를 작성해서 대출을 실행한다.

대부업자는 채무자와 대부계약을 체결하는 경우, 다음 사항은 채무자가 자필로 적게 해야 한다.

- 대부금액
- 대부이자율
- 변제기간
- 연체이자율

그리고 대부업자는 대부계약을 체결하는 경우에 거래 상대방에게 대부계약서의 기재사항을 모두 설명해야 한다. 이를 위반하고 설명하지 않으면, 1차 위반 시 100만 원, 2차 위반 시 250만 원, 3차 위반 시 500만 원의 과태료를 부과받는다.

회원번호	

【대부거래계약서】

『회사용』

본인 등은 재력 신용 부채상황 및 변제 계획등을 감안하여 아래의 대부거래 계약을 함에있어 별첨 대부거래 표준약관을 승낙하고 성실히 이행하겠습니다. (굵은 선 음영 부분은 고객이 자필로 기재합니다)

- 계 약 내 용 -

대부업자	상호또는성명	㉑		TEL			
	사업자등록번호			대부업등록번호			
	주 소						
채무자	성 명	㉑		TEL			
	생 년 월 일	년 월 일	성 별	□남 / □여			
	주 소						
보증인 (보증계약)	성 명	㉑		TEL			
	생 년 월 일	년 월 일	성 별	□남 / □여			
	주 소						
	보증채무내용 (자 필 기 재)	계 약 일 자		보 증 기 간			
		피보증채무액		보증채무최고금액			
		연대보증여부		연 체 이 율 월 %(연 %)			

대 부 금 액	금	원정(₩)

신규계약 채무자가 실제 수령한 금액, 연장계약 잔존 채무잔액, 추가 대출계약 기 대출금액+채무자가 실제 수령한 금액

이 자 율	월 이 율	%	연체 이 율	월 이 율	%
	연 이 율	%		연 이 율	%

계약일자(대부일자)	20 년 월 일	대부기간만료일	20 년 월 일

이자율의 세부내역	대부업등록및금융이용자보호에관한법률에 따라 최고이율은 연 30%입니다. 초일은 불 산입. 계산방법:대부잔액×연 이율×이용일 수÷365(윤년의 경우 366), 대부잔액×연 이율×이용개월 수÷12

변 제 방 법 및 특 약	□지참납입 □방문요청 □기타:
	□계좌송금: 은행, 예금주: , 계좌번호:
	-분할상환방법: □만기일시상환, □수시분할상환, □원리금균등상환
	-분할상환시보다 만기일시상환시 부담이 커지며, 대출만기가 길어질수록 부담이 커진다는 사실을 충분히 설명받고 변제방식에 동의합니다.
	-분할상환일:
	-대출금의 상환 및 이자의 지급은 비용, 이자, 원금순으로 충당한다.
	-대부거래 표준약관 제12조에 해당하는 경우는 기한의 이익을 상실한다.
	-채권자의 청구가 있을 경우 채무자와 보증인은 약속어음 또는 금전소비대차 계약을 공정증서로서 작성하기로 한다.
	-채권자는 본 계약서상의 채권을 제3자에게 양도 또는 담보로 제공 할 수 있으며 채무자와 보증인은 이에 동의한다.

채무및 보증증명 발급	발 급 비 용		발 급 기 한	
부대비용의 내용 및 금액			조기상환조건	

※ 채무자는 다음 사항을 읽고 본인의 의사를 사실에 근거하여 자필로 기재하여 주십시오.
(기재예시 : 1. 수령함, 2. 들었음, 3. 들었음)

1. 위 계약서 및 대부거래표준약관을 확실히 수령하였습니까?	수령함
2. 위 계약서 및 대부거래표준약관의 중요한 내용에 대하여 설명을 들었습니까?	들었음
3. 중개수수료를 채무자로부터 받는 것이 불법이라는 설명을 들었습니까?	들었음

PART 1. 지분경매 + 대부업 **23**

금전소비대차계약서

금일천오백만원整 (₩15,000,000)

위 금액을 본인이 차용함이 확실하고 아래 조항을 확증합니다.

一. 위 일금 변제 기일은 서기　　年　　月　　日로 정한다.
二. 이자율은(연　%). 연체이자율은(연　%)로 정한다.
三. 이자 지급 기일은 매월 (　)일로 정한다.
四. 아래 사항과 같은 경우에는 계약기간 전이라도 채권자의 청구에 응해
　　원리금을 즉시 변제하기로 한다.
　　가) 이자지급이 연체할 때.
　　나) 다른 채무로 인해 가압류 또는 강제집행을 받을 때.
　　다) 타인의 채무를 부담해서 재산상 집행을 당할 위험이 있을 때.
　　라) 채무자가 주민등록상 주소지에 거주하지 아니하고 행방불명이 된 때.
五. 본 채권은 채무자와 합의했음으로, 제삼자에게 양도해도 이의가 없다.
六. 본 계약은 차용인 및 연대 보증인이 동일한 책임을 부담한다.
七. 본 계약에 기인된 소송은 채권자의 주소지 법원으로 정한다.
八. 변제기일 내에 변제를 못하는 경우 민형사상 어떠한 처벌도 감수한다.

위 계약을 확실히 준수하기 위해 본건 차용금증서를 작성 제출한다.

서기　　　年　　月　　日
채무자 :　(인) 사업자등록번호 (　　　　　　　　　)
주소 :
폰☎ :

연대보증인 :(인) 주민등록번호 (　　　　　　　　　)
주소 :
폰☎ :

| 위의 금액을 수령했습니다. * 수령인(　　　　　) 인 |
| 　년　월　일 * 장소(　　　　) * 담당자(　　　) |

　채권자　　　　　　　　귀하

위 임 장

수임자 성명 :
수임자 주소 :

위의 사람을 본인의 대리인으로 정해 공증인가에서 다음 사항에 관한 공정증
서의 작성을 촉탁하는 일체의 권한을 위임하고 다음에 기재된 사항을 허락합
니다.

- 다 음 -

1. 자기대리 및 쌍방대리의 승낙과 강제집행의 인락 조항을 부치는 일
2. 위에 부대하는 일체의 권한
3. 공정증서 정본 및 등본의 수령 권

년 월 일

위임인 주소
　　　성명　　　　　　　　　　　　(인감)

위임인 주소
　　　성명　　　　　　　　　　　　(인감)

위임인 주소
　　　성명　　　　　　　　　　　　(인감)

채 권 양 도 통 지 서

양도채권의 표시

양도채권의 종류 :

양 도 금 액 :

본인은 귀하로부터 반환받을 위 채권에 관해 _____년 ___월 ___일
채권양수인 _____에게 양도하고 공증인가 _____법
률사무소 작성 _____년 등부 제_____호에 의해 양도양수에 관한 증서를
작성했으므로 위 양수인의 승낙 없이는 재계약을 하지 않을 것이며 임차인인
본인이 위 임대차목적물을 귀하에게 명도하고 퇴거하는 즉시 그 반환 받을
채권금을 위 양수인에게 직접 지급해주시기 바랍니다.

년   월   일

채권양도인(임차인) 주소 :
성명 :   인

임 대 인(건물주) 주소 :
성명 :   귀하

채권양도양수계약서

갑(양도인) 성명 :　　　　　　　주민등록번호 :　　　　　-
　　　　　　주소 :
을(양수인) 성명 :
　　　　　　주소 :

1. 갑은 을에 대해 금 _____ 원의 금전채무가 있는바 동 금 원에 관해 공증인가 _____ 법률사무소 작성 _____ 년 증서 제 _____ 호에 의해 작성했다.

2. 갑은 위 채무의 변제방법으로 별첨 계약서에 기재된 임대차목적물에서 퇴거함과 동시에 임대인으로부터 반환받을 채권금 _____ 금일자로 을에게 양도하고 을은 이를 양수했다.

3. 갑은 임대차기간 만료 시 또는 해약 시 을이 직접 임대인으로부터 위 채권금 _____ 원을 수령할 것을 승낙하는 바이며 위 약정의 취지를 내용증명 우편에 의해 _____ 임대인에게 통지한다.

4. 갑과 을은 위 약정을 명백히 해두기 위해 이 증서를 작성하고 아래와 같이 서명 날인한다.

　　　　　　　　년　　월　　일

갑(양도인)　　　　　인
을(양수인)　　　　　인

위 임 장

수임인	주소 : 성 명 :

   위에 적힌 사람을 본인의 대리인으로 해 공증인가에서 다음 사서증서의 인증을 촉탁하는 일체의 권한을 위임합니다.

- 다   음 -

년   월   일

위임인	주소 성명	(인감)
위임인	주소 성명	(인감)
위임인	주소 성명	(인감)
위임인	주소 성명	(인감)
위임인	주소 성명	(인감)

각 서

부동산의 표시 :

주   소 :

성   명 :

상기 명 본인은 위 부동산 표시의 _____계약서를 담보로 해 20___년 ___월 ___일자로 채권자 _____로부터 금_____원 정을 차용함에 있어 매월 ___일에 이자 _____원을 지불하겠으며 만약 지불일로부터 30일이상 경과될 경우 연체지연금 2%를 가산한 금 원을 지불할 것을 약속하며 어떤 이의도 제기치 않을 것을 자의로 서명 각서 합니다.

20   년   월   일

위 각서인의 성명 :   (인)

주소 :

주민등록번호 :

위 동의인의 성명 :   (인)

주소 :

주민등록번호 :

귀하

합 의 서

부동산의 표시 :

주   소 :

성   명 :

상기명 본인은 위 부동산 표시의 물건을 담보로 해서 채권자 _____로

부터 금 _____원정을 차용함에 있어 소요되는 경비 일체

를 본인의 의사에 따라서 지불했으며, 경비 내역은 차용금액의 ____%인

금 _____원정을 지불했으므로 금일 이후 본인이 지불한 일체의

경비에 대해 아무런 이의를 제기치 않을 것을 서약 드리며, 만일 상기 경비문

제로 _____가 피해를 입게 될 경우 채무자인 본인과 연대채무자가 책임

을 지겠으며, 차용금약정서도 본인 스스로 작성했으므로 본인이 약속 불이행

시 발생되는 법적 조치등에 대한 일체의 책임을 본인 및 연대채무자가 모두

인지했고, 상기 사항에서 허위 사실이나 위반사항이 있을 시 본인 및 연대채

무자는 민형사상 모든 책임을 감수할 것을 자의 각서 합의합니다.

20   년   월   일

위 합의인(채무자) :   (인)

위 동의인(보증인) :   (인)

귀하

항고권포기서

채 권 자 :
채 무 자 :
소 유 자 :

　위 당사자 간 귀원 제 ＿＿＿＿호 부동산 임의경매 신청사건에 관해 ＿＿로부터 20＿＿년 ＿＿월 ＿＿일 경락허가결정이 있었는바, 채무자 및 소유자는 동 결정에 대해 승복하기로 하고 항고권 전부를 포기합니다.

20　　년　월　일

위 채무자 :　　　　　　　(인)
위 소유자 :　　　　　　　(인)

거래 사실 확인서

채권자 :
채무자 :

위 당사자 간에 20＿＿년 ＿＿월 ＿＿일 약정된 모든 채권 채무관계가 근저당권 설정계약서 및 차용금 약정서에 의거 사실적으로 거래되었음을 확인합니다.

20　　년　월　일

위 확인인 (채권자) :　　　　　　　(인)
위 확인인 (채무자) :　　　　　　　(인)

임대차 확인 각서

부동산의 표시

소 재 지				소유자	
면 적	대지 :	(㎡, 평)	건물의 구조 및 용도		
	건물 :	(㎡, 평)			

위 부동산을 담보 제공함에 있어 동 부동산에 대해서는 임대차계약에 의한 입주자가 없음을 소유자 및 이해관계인(거주자 또는 미입주자) 연명으로 확인하며, 추후에 사실과 상이함이 발견될 경우에는 채권자가 채권회수 조치를 취해도 이의를 제기하지 아니함은 물론, 채권자에 미치는 손해에 대해서는 민형사상의 책임을 질 것을 확인 각서합니다.

20 년 월 일

소유자
주 소 :
성 명 :　　　　　　(인)

	위 임 장	
부동산의 표시		
등기원인과 그 연월일	서기 20 년　　월　　일	
등 기 의 목 적		
(인)	위 사람을 대리인으로 정하고 위 부동산 등기 신청 및 취하에 관한 모든 행위를 위임한다. 또한 복대리인 선임권을 허락한다. 20 년　　월　　일	

위 임 장

수 임 인 (대리인)	주 소 성 명

 위의 사람을 본인의 대리인으로 정해 _____에서 공증인법 제 56조의
2(어음·수표의 공증 등)에 의한 다음 어음의 금원 지급을 연체할 경우에는
즉시 강제집행을 받아도 이의 없다는 취지 내용의 공정증서 작성 촉탁에
관한 일체의 권한을 위임합니다.
1. 자기계약 및 쌍방대리 행위를 승낙함.
2. 첨부서면 : 위임인 인감증명서 1통

액면	금		원정	수취인	
발행일	20 . . .	지급기일		발행인	
발행지		지급지		지급장소	

년   월   일

위임인	주소 성명 인감㉞	위임인	주소 성명 인감㉞
위임인	주소 성명 인감㉞	위임인	주소 성명 인감㉞

·································· 절 취 선 ··································

약 속 어 음

_____ 귀하 금 _____ ₩ _____	발행인	주소 성명 ㉞
위의 금액을 귀하 또는 귀하의 지시인에 게 이 약속 어음과 상환해 지급하겠습니다.	발행인	주소 성명 ㉞
발행일 20 년 월 일 지급기일 년 월 일 발행지	발행인	주소 성명 ㉞
지급지 지급장소	발행인	주소 성명 ㉞

인감 / 지문 확인서

인감증명과 대조했음.

인감도장

주민증 뒷면 지문과 확인했음.

무인

성 명	
관 계	

셀룰로이드 대조 확인한 결과 틀림없음을 확인함.

확 인 자	

각 서

성   명 :

주   소 :

주민등록번호 :

1. 상기인은 본인 소유 부동산을 근저당권 설정함에 있어 _____로부터 일
금 _____원정을 차용함에 있어 그 이자 지급을 연체하거나, 원금 변제를
_____년 ___월 ___일까지 처리하지 못할 경우에는 이미 약정한 대로 본
인 소유의 부동산을 담보권 실행해도 이의를 제기치 않겠습니다.

2. _____년 ___월 ___일 현재, 본 부동산에 본인 및 가족 이외의 입주
세대가 없으며 이후에도 주택임대차보호법을 악용해 만약 전세계약서를 작
성해 세대 주민등록을 했다 해도 이는 사해행위로 당연히 무효이며 또한, 사
기 대출로 민형사상 처벌을 받겠습니다.

3. 부득이 대출 변제 기일에 변제를 못 할 시에는 인감 시효 기일 10일 전까
지 인감증명서 1통을 제출하겠습니다.

이상과 같이 정중하게 각서하는 바입니다.

20   년   월   일

위 각서인 :   (인) (무인)

        귀하

차용금 상환 약정서

본인(채무자)이 차용금의 일부 또는 전부를 상환하고자 할 때는 채무자는 채권자에게 사전 통보한 후 채권자의 구좌에 직접 입금하거나 또는 대부업체 회사 입회하에 채권자에게 직접 상환해야 한다.

만약 이를 위반함으로 발생되는 모든 민형사상의 책임은 채무자가 부담하기로 한다.

단, 채권자는 차용금을 상환받음과 동시에 보관서류 및 제반권리 말소에 필요한 서류를 채무자에게 건네주어야 한다.

20   년   월   일

채무자 성명 :
　　　　주소 :
　　　　주민등록번호 :

채권자 　　　　　　　　　　 귀하

주 소 보 정 확 인 서

부동산의 표시 :
주   소 :
소 유 자 :
채 무 자 :

상기 부동산 표시의 소유자인 본인 부동산 민사 소송법상 경매 사건의 송달
주소를 소유자인 본인이 불가피한 사정으로 인해 송달을 받을 수 없으므로
부득이 송달주소를 아래 본인의 대리인 겸 수취인 _____에게 송달할 것을
보정하오니 모든 우편물을 아래의 주소로 송달해도 무방함을 확인하오며 차
후에 송달주소를 보정한 사실이 있어 어떠한 경우라도 본인 또는 채권자에게
이의를 제기하지 않겠으며 이를 명확히 하기 위해 본인의 자필로 공증 작성
해 확인합니다.

아   래

대리인(수취인) 주소 :
         성명 :   (주민등록번호 :   -   )
송달주소 :

첨부서류 : 주민등록증 사본 1부

20   년   월   일

위 부동산 소유자   성명 :   (인) 무인

근저당권설정계약서

채 권 자 겸 근 저 당 권 자	
채 무 자 겸 근 저 당 권 설 정 자	
채 권 최 고 액	금 원정(₩)

위 당사자 간에 다음과 같이 근저당권설정계약을 체결한다.

제1조 근저당권설정자는 채무자가 위 금액 범위 안에서 채권자에 대해 현재
　　　부담하고 또는 장래 부담하게 될 단독 혹은 연대채무나 보증인으로서
　　　기명날인한 차용금증서 각서 지급증서 등의 채무와 발행배서 보증 인
　　　수한 모든 어음채무 및 수표금상의 채무 또는 상거래로 인해 생긴 모
　　　든 채무를 담보코자 끝에 쓴 부동산에 순위 제　　번의 근저당권을 설
　　　정한다.
제2조 장래 거래함에 있어서 채권자 사정에 따라 대여를 중지 또는 한도액을
　　　축소시킬지라도 채무자는 이의 제기치 않겠다.
제3조 채무자가 약정한 이행의무를 한 번이라도 지체했을 때 또는 다른 채권
　　　자로부터 가압류 압류경매를 당하든가 파산선고를 당했을 때는 기한
　　　의 이익을 잃고 즉시 채무금 전액을 완제해야 한다.
제4조 저당물건의 증축 개축 수리 개조 등의 원인으로 형태가 변경된 물건과
　　　부가 종속된 물건도 이 근저당권에 효력이 미친다.
제5조 보증인은 채무자 및 근저당권 설정자와 연대해 이 계약의 책임을 짐은
　　　물론, 저당물건의 하자 그 외의 사유로 인해 근저당권의 일부 또는 전
　　　부가 무효로 될 때도 연대 보증책임을 진다.
제6조 이 근저당권에 관한 소송은 채권자 주소지를 관할하는 법원으로 한다.

위 계약을 확실히 하기 위해 이 증서를 작성하고 다음에 기명날인한다.

서기 20　　년　월　일

채권자겸 근저당권자	(인) 주 소	〈부동산의 표시〉
채무자겸 근저당권설정자	(인) 주 소	

04

판결문 채권 양도

이 장에서는 매매에 의해서 승소 판결(집행권원 획득)을 받은 채권을 양도받아 강제집행을 통해 투자 수익을 얻는 방법을 알려드리려고 한다.

예를 들어보겠다. 채권자인 홍길동이 채무자를 상대로 대여금 반환청구의 소를 제기해 승소 판결을 받았다. 그런데 홍길동이 투자자인 우리에게 매매에 의해 승소 판결을 받은 채권을 조금 할인된 가격으로 양도하기를 원해 우리 투자자가 위 채권을 양도하기로 했다. 투자자가 채권을 양도받아 채무자의 재산에 대해 강제집행을 하려면 어떻게 해야 하는지 알아보자.

일반적으로 채무자의 재산에 강제집행을 하려면 강제집행의 근거가 되는 이른바 집행권원(확정된 승소 판결문 등)과 집행권원에 강제집행을 실시하기 위해 부여한다는 취지가 기재된 집행문 등이 필요하다.

위 채권 양도의 경우에는 이미 채권자 명의의 승소 판결이 확정되었으므로 판결에 표시된 채권을 양수한 투자자가 집행을 하기 위해 법원으로부터의 이른바 승계 집행문을 발급 부여받아야 한다.

민사집행법 제31조(승계 집행문)
① 집행문은 판결에 표시된 채권자의 승계인을 위하여 내어주거나 판결에 표시된 채무자의 승계인에 대한 집행을 위하여 내어줄 수 있다.
다만, 그 승계가 법원에 명백한 사실이거나, 증명서로 승계를 증명한 때에 한한다.
② 제1항의 승계가 법원에 명백한 사실인 때에는 이를 집행문에 적어야 한다.

그러므로 승소한 원고(채권자)로부터 판결에 표시된 채권을 양수받은 투자자는 승계인으로서 집행문 부여를 신청하는 경우에는 양도증서라든가 계약서 및 채무자에 대한 대항요건을 증명하는 서면, 즉 채무자의 승낙서 또는 양도인인 채권자가 채무자에게 통지한 내용증명 우편을 법원에 제출하면 된다.

민법 제450조(지명채권양도의 대항요건)
① 지명채권의 양도는 양도인이 채무자에게 통지하거나 채무자가 승낙하지 아니하면 채무자 기타 제삼자에게 대항하지 못한다.
② 전항의 통지나 승낙은 확정일자 있는 증서에 의하지 아니하면 채무자 이외의 제삼자에게 대항하지 못한다.

승계 집행문 부여 신청서

사건번호   2000 가단 ○○○

원   고 (이름)
　　　(주소)
　　　(연락처)
피   고 (이름)
　　　(주소)

○○승계인 (이름)　　　　　　　(주민등록번호　　　 -　　　)
　　　(주소)
　　　(연락처)

신 청 사 유

1. 위 당사자 간 귀원 2000가단 000호 물품대금 청구사건에 관해 원고는 집행력 있는 판결정본을 수령했으나, 원고는 20　　.　.　. ○○○ 승계인에게 집행력 있는 판결정본상의 채권을 양도하고 승계인이 양수하면서 원고가 이를 피고에게 통지한 사실이 있습니다.

2. 피고는 20○○. ○○.12 채권양도통지서를 수령했으므로 원고의 승계인에게 집행력 있는 정본을 부여해줄 것을 신청합니다.

첨부 서류

1. 집행력 있는 판결정본 1부
2. 채권양도계약서 및 양도통지서 각 1부
3. 통지증명서(배달증명부 내용증명) 1부

20　　.　.　.
위 원고승계인 ○○○ (날인)

○○법원 귀중

승계 집행문 신청은 재판장이 심리해 승계 집행문 부여를 명령해야 부여된다. 또한, 이 승계 집행문은 승계인에 대해 송달되어야 집행을 개시할 수 있다. 즉, 채무자에 대한 집행 신청의 경우와는 달리, 승계 집행문의 송달 증명서를 집행 신청 시 추가로 첨부해야 한다(양도통지서).

승계 집행문을 부여받아 채권자가 원고로 기재된 판결문·인낙조서, 채권자로 기재된 공정증서·화해조서·조정조서에 의해 채무자에게 강제집행을 할 수 있다. 여기서 중요한 사항은 채무자인 피고에게 송달되어야 한다는 것이다. 이를 위해 의사표시에 의한 공시송달에 관해 설명한다.

공시송달의 요건이 의사표시를 할 자가 상대방을 알 수 없거나 상대방의 소재를 알 수 없어야 하고, 의사표시를 할 자가 상대방을 알지 못한 것에 대한 과실이 없어야 한다는 요건이 있다. 채권을 양수를 받았는데, 피고의 소재지를 알 수 없는 경우에는 이 같은 절차를 밟아야 한다.

의사표시에 의한 공시송달신청서를 작성 후, 인지대 1,000원과 송달료(신청인, 피신청인 각 3회분씩 6회분)를 납부하고, 납부영수증을 신청서에 첨부해 제출한다. 신청서는 신청인의 주소지를 관할하는 지방법원(지참 채무 의무) 또는 상대방의 최후 주소지를 관할하는 민사신청과에 접수하면 된다.

공시송달은 당사자 신청에 의해 이루어지고, 해당 서류를 법원 게시판 등에 게재하는 방식으로 하게 된다. 송달받을 사람인 피고의 최후 주소지를 확인할 수 있는 자료를 첨부해야 한다(각종 계약서, 차용증서, 피고 주민등록초본 등). 그리고 신청인인 승계인이 송달받을 사람의 주거 발견에 상당한 노력을 기울인 사실을 소명해야 한다(반송된 내용증명 우편, 배달 증명, 송달불능 보고서 등).

해당 서류를 법원 게시판 또는 신문에 일정 기간 게재하면 송달한 것과 동일한 효력이 발생한다. 첫 번째 공시송달은 실시한 날부터 2주가 지나야 효력이 발생한다. 효력이 발생한다는 것은 상대방이 해당 서류를 받아본 것과 동일한 효력이 발생한다는 것을 의미한다.

전자 소송으로도 진행할 수가 있다. '대한민국 법원 전자 소송' 홈페이지에서 '의사표시의 공시송달'을 검색해서 신청하면 된다.

의사표시의 공시송달 신청서

신 청 인 ○○○ (주민등록번호)
　　　　　 ○○시 ○○구 ○○길 ○○(우편번호 ○○○-○○○)
　　　　　 전화·휴대폰번호 :
　　　　　 팩스번호, 전자우편(e-mail)주소 :

상 대 방 ◇◇◇ (주민등록번호)
　　　　　 ○○시 ○○구 ○○길 ○○(우편번호 ○○○-○○○)
　　　　　 전화·휴대폰번호 :
　　　　　 팩스번호, 전자우편(e-mail)주소 :

신 청 취 지

　위 당사자 간 ○○지방법원 2000가단 ○○호 ○○대금 청구 사건에 관해 신청인은 20　　. 　. 　　 집행력 있는 판결정본상의 채권을 양수하면서 신청인이 이를 피신청인에게 통지한 사실이 있으나, 피신청인에게 전혀 통지가 되지 않고 소재 불명으로 판명되고 있습니다.

2. 이에 신청인이 상대방에게 할 채권양도통지의 의사표시를 기재한 별지 채권 양도통고서를 공시송달할 것을 명한다.
라는 재판을 구합니다.

신 청 원 인

1. 신청인은 확정 판결 결정문상 채권을 양도받은 사실이 있습니다.

2. 그런데 주소지로 내용증명우편으로 우송했으나, 피고는 위 주소지에 살지 아니하고, 실제 거주하는 거주지를 알 방법이 없어 채권양도통지를 할 방법

이 없습니다.

3. 따라서 별지의 채권양도통고서를 민사소송법 제194조에 따른 공시송달로
서 송달해주시기를 민법 제113조에 따라 신청합니다.

첨 부 서 류

1. 채권양도계약서   1통
1. 채권양도통고서   1통
1. 반송봉투   1통
1. 불거주확인서   1통
1. 말소된 주민등록표초본   1통

20○○.   ○.   ○.

위 신청인   ○○○ (서명 또는 날인)

○○지방법원 귀중

[별 지]

통 고 서

발신인 : ○○○
　　　○○시 ○○구 ○○길 ○○ (우편번호 ○○○-○○○)
수신인 : ◇◇◇
　　　○○시 ○○구 ○○길 ○○ (우편번호 ○○○-○○○)

통 고 내 용

발신인이 귀하(수신인)에 대해 가지고 있는 하기 채권을 20　　．　．　．
경 아래 양수인에게 양도했으므로 민법 제450조의 규정에 의거 통지합니다.

채권액 : 일금　　　　　원정(₩　　　　　　　　)	
청구권원 :　　　　　채권	
채권의 발생 시기 :	

20○○. ○○. ○○.

　　　발신인 : ○○○　　인

　◇◇◇　귀하

05

명조불

명조불이란? 재산 명시, 재산 조회, 채무 불이행자 신청의 3가지를 한 세트로 채무자의 재산을 조회하는 방법을 이르는 프로세스다.

대부 및 채권 양도에서 아주 중요한 채무자 재산을 찾는 첫 번째 방법이다.

1 재산 명시 신청

재산 명시는 채무자로 하여금 자신의 재산 목록을 스스로 작성, 제출하게 하는 제도다. 한마디로 재산에 어떠한 게 있으며, 최근에 어떤 거래를 했는지 법원에 신고하는 제도다.

강제집행을 하려면 채무자의 재산이 뭐가 있는지를 알아야 하는데, 개인인 채권자가 직접 채무자의 전산 기록을 조회하는 것은 불가능하니 채무자로 하여금 스스로 밝히게 하는 것이다. 재산 명시를 신청하는 이유는 나중에 재산 조회를 하기 위해서다. 채권자는 '재산 조회'라는 민사집행법상의 절차를 통해 채무자가 본인 명의로 소유하고 있는 재산을 전산으로 조회할 수 있는데, 재산 조회를 하기 위해서는 필수적으로 재산 명시 절차를 거쳐야 한다.

물론 재산 명시 신청이 들어오면 채무자는 재산을 전부 없애놓을 것이므로 그 후에 이루어지는 재산 조회도 소용이 없기는 매한가지인데, 지금 필요가 없다고 몇 년 뒤에도 실효성이 없는 것은 아니다. 채무자가 방심하는 몇 년 후에는 채무자가 잊고서 본인 명의로 재산을 갖게 될 수도 있다. 그때 가서 채무자 몰래 재산 조회를 하려면 지금 미리 재산 명시를 신청해놓아야 한다. 재산 명시 신청은 금전의 지급을 목적으로 하는 집행권원이 확정되어야 한다. 그리고 집행개시의 요건을 갖춰야 한다.

즉, 집행권원에 채무자 인적사항이 표시되어야 하고, 집행권원이 채무자에게 송달되어야 하며, 집행문이 있어야 한다. 따라서 송달증명 및 집행문이 필수 제출서류다. 송달증명 및 집행문은 집행권원 종류에 따라 조금씩 다르지만, 대체로 전자 소송 홈페이지 제증명 메뉴에서 발급 가능하다.

한편 채무자의 재산을 쉽게 찾을 수 있다고 인정할 만한 명백한 사유가 없어야 한다. 채무자의 재산 중 일부를 쉽게 찾을 수 있더라도, 그것이 채권자의 채권액을 모두 만족시키기에 충분치 않은 경우에는 재산 명시를 신청할 수 있다고 봐야 할 것이다. 재산을 쉽게 찾을 수 있다는 사실에 대한 증명책임은 채무자에게 있다. 채무자가 채무를 이행하지 않고 있어야 한다.

재산 명시 신청은 전자 소송 홈페이지에서 신청할 수 있다.

전자 소송 사이트에서, 서류 제출 → 민사집행 서류 → 재산 명시/감치 → 재산 명시 신청서로 들어가서 신청한다.

그리고 이후에 재산 명시 신청이 이유 있으면, 법원은 채무자를 심문하지 않고 재산 명시 결정을 한다. 약 한 달 정도 소요된다. 법원은 결정서를 채권자 및 채무자에게 송달한다. 재산 명시 사건에서는 채무자에 대한 송달이 필수이며, 채무자가 집에 있으면서도 우체부에게 문을 열어주지 않는 등 채무자의 송달 회피로 인해 결정서가 송달되지 않으면 이미 나온 재산 명시 명령은 취소되고, 채권자의 재산 명시 신청은 각하된다.

재산 명시 명령이 취소되므로 채무자는 재산 명시 의무를 부담하지 않으며 감치 같은 것도 이루어지지 않는다. 채권자 입장에서는 최악의 결과이고, 채무자 입장은 최상의 결과다. 이 경우, 채권자는 재산 조회를 신청할 수 있다.

결정서가 채무자에게 송달되면 법원은 재산 명시 기일을 정하고, 채권자에게는 재산 명시 기일 통지서를 송달하고, 채무자에게는 재산 명시 기일 출석요구서, 재산 목록 양식 기재요령을 송달한다. 이때까지 다시 2~4주 정도 소요된다.

재산 명시 기일은 채무자에게 출석요구서가 송달된 때로부터 대략 1개월 후로 잡힌다. 재산 명시 기일에 채권자는 출석할 필요가 없으며, 현장에서 채무자를 만나려는 게 아니라면 굳이 출석할 이유가 전혀 없다.

반면 채무자는 의무적으로 출석해야 한다. 출석한 채무자는 선서하고 재산 목록을 제출하며, 이것으로 재산 명시 절차는 종결된다. 채무자가 제출한 재산 목록은 전자 소송으로 볼 수 있다.

채무자가 명시 기일에 불출석한 경우에도 그것으로 재산 명시 절차가 종결되며, 새 기일이 열리지 않는다. 이 경우 법원은 특별한 사정이 없으면 즉석에서 감치 재판 절차를 개시한다. '나의 사건검색'에서 관련 사건 목록에 '정명'이라는 사건번호가 뜨면 그게 감치 재판 절차다.

감치 재판 절차에서 법원은 감치 재판 기일을 잡아 채무자를 심문하고, 그에 따라 불처벌 결정을 하거나 20일 이내의 감치 결정을 한다. 감치 재판 기일에도 채무자가 불출석하면 최장기간인 20일의 감치 결정이 나올 수 있으며, 실제는 보통 10일 정도 나온다. 감치 결정이 나오면 법원은 감치 결정·집행명령·집행장을 경찰서로 보내 경찰로 하여금 감치를 집행하게 한다. 감치란, 채무자를 감옥에 보내는 것을 말한다.

감치가 이루어진 후 채무자가 재산 목록을 제출하겠다고 말하면 법원은 바로 명시 기일을 열어야 하고, 이때 채무자가 재산 목록을 제출하면 바로 석방된다(민사집행법 68조).

서 울   지 방 법 원

결   정

사   건   2021정명   채무자감치
채 무 자
                서울
선 고 일   2022. 2.

주   문

채무자를 감치 10일에 처한다.
감치할 장소를 서울   구치소로 정한다.

이   유

채무자는 이 법원 2021카명   재산명시 신청사건의 재산명시명령에 따라
2021.12.13 10:45   호법정에서 실시한 명시기일에 출석요구를 받고도 출석하지 아니
하였으므로, 민사집행법 제68조 제1항에 의하여 주문과 같이 결정한다.

2022. 2. 14.

판사

◇ 유 의 사 항 ◇

서 울   지 방 법 원

집 행 장

사   건   2021정명   채무자감치
채 무 자
                서울
재 판 선 고 일   2022. 2. 14.
감 치 기 간   10일
기타 감치의 집행에 필요한 사항

위 채무자에 대한 감치의 집행을 위하여 위 채무자를 서울   구치소로 구인한다.
이 집행장은 2022.05.14 까지 유효하며, 이 기간을 경과하면 집행에 착수하지 못한다.

2022. 2. 14.

판사

채무자가 명시 기일에 출석해서 재산 목록을 제출했다면, 그 재산 목록은 허위로 신고했을 가능성이 상당할 것이다. 채무자가 가진 전체 재산 중 일부를 누락했다는 의미에서의 허위일 가능성이 크다.

이때 채권자가 채무자의 재산 목록이 허위임을 증명할 수 있는 물증을 갖고 있거나, 아니면 채권자의 자력으로는 확실한 물증을 확보하지 못하지만, 여러 상황상 경찰서에서 조금만 조사하면 바로 허위로 드러날 것 같다는 강력한 의심 등을 갖고 있고 그 의심 등을 수사기관에 설득시킬 수 있다면, 채무자를 '민사집행법 위반죄'로 고발할 수도 있다.

물증은 바로 '재산 조회'를 이용해서 확보한다. 재산 조회는 채무자가 본인 명의로 소유하고 있는 재산을 채권자가 전산상으로 조회할 수 있게 해주는 제도로, 재산 명시 절차를 먼저 거친 후에만 이용할 수 있다.

재산 조회는 조회 당시 현재 시점의 재산만 조회되고 과거 재산 보유 내역은 조회되지 않으므로, 재산 명시 절차가 진행되는 동안에 채무자가 재산을 빼돌려놓으면 그 후 재산 조회를 했을 때는 아무것도 나오지 않는다.

그러나 채무자가 실수 등으로 본인 명의 재산을 빼돌려놓지 않고 그냥 방치한 경우에는 재산 조회를 통해 채무자 재산을 확인해 이를 통해 재산 목록의 허위성을 밝힐 수 있다. 또한 '건물 및 토지 등 부동산'에 대해서는 최근 2년 이내의 과거 소유권도 조회가 가능하기 때문에 채무자가 재산을 빼돌려도 찾아낼 수 있다.

재산 명시 신청서

채권자   주식회사 ○○○○

채무자   김○○
           경기도

집행권원의 표시

공증인가 법무법인 ○○공정증서(증서 2000년 제100호)상 금전소비대차계약 공정증서의 집행력 있는 정본에 의한 불이행금전채무금.

채무불이행금액

위 집행권원상(금200,000,000원)의 채무금 중 금 200,000,000원.

신 청 취 지

채무자는 재산 상태를 명시한 재산 목록을 제출하라.
라는 명령을 구합니다.

신 청 이 유

1. 채권자는 채무자에 대해 위와 같은 집행권원을 가지고 있는데도 채무자는 위 채무이행 및 이행제공의 의사를 보이지 않고 있습니다.
2. 이에 채권자는 부득이 강제집행을 하기 위해 채무자의 재산을 탐색한 결과 교묘한 방법으로 재산을 감추고 있어 채무자의 재산 발견이 굉장히 어려워 강제집행을 할 수 없는 실정이므로 이 사건 신청을 하기에 이른 것입니다.

<h1>첨 부 서 류</h1>

1. 집행력 있는 정본   1통
1. 송달료 납부서   1통
1. 주민등록표초본(채무자) 1통

20○○. 12. 22.

위 채권자 주식회사 ○○○
        사내이사 ○○○ (서명 또는 날인)

서 울 지 방 법 원
결 정

사 건   2022카명10   재산명시

채 권 자

채 무 자
        서울

집 행 권 원   지방법원   지원 2019가단   금반환 사건의 집행력 있는
확정판결정본

주 문
채무자는 재산상태를 명시한 재산목록을 재산명시기일에 제출하라.

이 유
채권자의 위 집행권원에 기한 이 사건 신청은 이유 있으므로 민사집행법 제62조 제1항에 의하여 주
문과 같이 결정한다.

판사

주 의 : 1. 재산명시절차안내 및 재산목록의 작성요령과 채무자가 작성하여 제출할 재산목록 양식은 추후
       재산 명시기일출석요구서와 함께 보내 드릴 것이니 참고하시기 바랍니다.
     2. 재산명시명령을 송달받은 채무자는 명시기일에 출석하여 채무자가 작성.제출하는 재산목록이
       진실함을 선서하여야 하며, 정당한 사유 없이 명시기일에 출석하지 아니하거나 재산목록의
       제출 또는 선서를 거부한 때에는 20일 이내의 감치에 처할 수 있고, 거짓의 재산목록을 낸

② 재산 조회

재산 조회는 채무자가 현재 본인 명의로 소유하고 있는 재산을 전산상으로 조회할 수 있게 해주는 제도로, 현행 민사집행법상으로는 먼저 재산 명시 절차를 거친 뒤에만 이용할 수 있다.

채무자가 ① 현재, ② 본인 명의로, ③ 소유하고 있는 재산에 대해서만 조회할 수 있다. 그래서 재산 명시 절차가 진행되는 도중 채무자가 재산을 가족들 명의로 돌려놓거나, 채무자 본인이 과점주주인 법인회사를 설립해서 그 법인 명의로 돌려놓으면 조회가 불가능하다.

부동산에 대해서는 과거 2년 내 소유 내역도 조회된다. 이 경우, 재산 조회를 통해 채무자가 의도적으로 부동산을 빼돌린 사실을 파악해서 사해행위취소 소송, 강제집행면탈죄 고소 등으로 압박을 가할 수도 있다.

재산 조회를 하려면 조회 대상 기관(은행·증권사·보험사)을 특정해야 하고, 기관을 많이 특정할수록 비용도 늘어나기 때문에 보통 채권자들은 주요 1금융권 은행 몇 개만 재산 조회를 하고, 2군에 속하는 은행·보험사에 대해서는 재산 조회를 하지 않는 경우가 많다.

이러한 사정을 잘 아는 채무자는 일부러 2군에 속하는 증권사에 계좌를 개설해 이용함으로써 본인 명의로 편안한 금융 생활을 하면서도 채권 집행을 피하려 할 수 있다.

그러나 집행권원 취득 후 몇 년이 지나면 채무자의 경계심이 누그러져 채무자가 '실수로' 본인 명의로 재산을 보유하게 될 수도 있다. 그때 재산 조회를 하면 성공할 가능성이 있어 훗날을 기약하며 재산 조회를 해두는 것이다.

재산 조회는 전산상으로 조회 가능한 모든 채무자의 재산에 대해 할 수 있는 것이 아니고, 법으로 정해진 특정 재산 및 기관에 대해서만 할 수 있다. 재산 조회의 대상이 되는 재산 및 기관은 법적으로는 민사집행규칙 36조 1항, 별표로 정해져 있으나, 구체적인 기관명까지 알려면 전자 소송에서 신청서 양식으로 들어가서 확인해봐야 한다.

현재 선택 가능한 기관 목록, 참고로 모든 기관을 선택하면 조회 비용은 865,000원이며, 송달 필요기관은 42개다. 전자 소송 홈페이지에서 신청할 수 있다. 신청을 받은 법원은 며칠 내로 조회 명령을 한다. 조회 명령을 받은 대상 기관은 명령을 받은 다음 날 0시 기준으로, 작성한 채무자의 재산 보유 내역을 재산 조회 시스템을 통해 전자 또는 우편으로 회보서를 보내는 방법으로 법원에 회보한다.

조회 명령 시부터 회답이 올 때까지의 기간은 통상 5일에서 2주 정도다. 신청인은 회보 결과를 전자 소송으로 열람·출력할 수 있다.

재 산 조 회 신 청 서

채 권 자	
채 무 자	서울
조회대상기관 조회대상재산	별지와 같음
재산명시사건	2022카명1 재산명시
집행권원	2019가단 금 반환소송의 집행력있는 지급명령 정본. 채무자가 이행하지 아니하는 금전 채무액 금 160,000,000원 및 지연이자.
불이행채권액	**일금 160,000,000 원**
신청취지	위 기관의 장에게 채무자 명의의 위 재산에 대하여 조회를 실시한다.
신청이유	채무자의 주소지로 재산명시 결정등본을 일반 및 특별송달하였으나, ? 폐문부 재 및 주소불명으로 인하여 명시절차를 거치지 못하였습니다. ? 이에 민사집행법 제74조 제1항의 규정에 의하여 채무자에 대한 재산조회를 신 청 합니다.
비용환급용 예금계좌	
첨부서류	1. 판결문 및 집행문 2. 확정증명원 3. 송달증명원 4. 재산명시 결정문 5. 채무자 주민등록초본
(인지첨부란)	2022.10.06 신청인 서 지방법원 귀중

재 산 조 회 회 보 내 역

사   건   2019카조   재산조회
채 무 자   )

조회내상기관   기업은행
명 령 인 자   2019.10.31

금융자산 조회현황(개인)

사건번호 :   2019카조
기준일자 :   2019-11-04
성명(명의인) :
조회기관 :   기업은행
주민등록번호(사업자번호) :

조회내역 : (지점명 / 계좌번호 / 계좌구분 / 금액)

당행은 조회결과 해당사항 없음을 알려드립니다.

❸ 채무 불이행자 명부 등재

채무 불이행자 명부 등재는 채무를 이행하지 아니하는 불성실한 채무자의 인적사항을 공개함으로써 명예와 신용의 훼손과 같은 불이익을 가하고, 이를 통해 채무의 이행에 노력하게 하는 간접강제의 효과를 거둠과 아울러 일반인으로 하여금 거래 상대방에 대한 신용조사를 용이하게 하여 거래의 안전을 도모하게 함을 목적으로 하는 제도다(대법원 2010. 9. 9.자 2010마779 결정).

채무 불이행자 명부에 등재되면 은행에서 본인 명의로 신규대출을 받을 수 없게 되고, 카드사에서 본인 명의로 신용카드를 발급해주지 않아 체크카드만 쓸 수 있게 된다.

채무 불이행자 명부 등재는 기본적으로 집행권원 확정일자로부터 6개월 지날 때까지 채무자가 채무를 이행하지 않았을 때 신청할 수 있다. 그러나 채무자가 재산 명시 절차에서 재산 명시 기일에 불출석하거나, 재산 목록의 제출 또는 선서를 거부하거나, 거짓의 재산 목록을 제출하는 등 재산 명시 의무를 위반한 경우에는 집행권원 확정일자로부터 6개월이 지나지 않아도 채무 불이행자 명부 등재를 신청할 수 있다.

채무 불이행자 명부 등재 신청서는 전자 소송 홈페이지에서 신청할 수 있다. 전자 소송에서 서류제출 → 민사집행 서류 → 재산 조회/채무 불이행자 명부 → 채무 불이행자 명부 등재 신청서로 들어가서 신청한다.

채무불이행자명부 등재 신청서

채권자 (이름)   (주민등록번호   –   )
        (주소)
        (연락처)

채무자 (이름)   (주민등록번호   –   )
        (주소)

집행권원의 표시

1. (판결문)   지방법원 20   (가단,가소,가합,차)   호 판결정본
1. (공정증서) 법무법인   20   증서 제   호 공정증서정본

채무자가 이행하지 아니하는 금전채무액

금   원 및 이에 대한 20 .   .   .부터 다 갚는 날까지
연   %의 비율에 의한 지연손해금

신 청 취 지

"채무자를 채무불이행자 명부에 등재한다"라는 재판을 구합니다.

신 청 이 유

첨 부 서 류

1.판결 등 집행권원 정본 및 사본   각 1부
1.확정증명원   1부
1.채무자 주민등록초본(최근1개월이내 발급) 1부

20   .   .   .

채권자   (서명 또는 날인)

서울남부지방법원 귀중

재산 명시 의무 위반을 이유로 신청하는 경우에는 재산 명시 사건의 '명시 기일 조서'의 등본을 제출해야 한다.

채무 불이행자 명부 등재를 신청하면 법원은 채무자에게 심문서를 발송한다. 등재 결정이 이루어지면 법원은 채무자가 채무 불이행자 명부에 등재된 사실 및 그 내용을 한국신용정보원에 송부한다. 이 정보는 은행, 보험사, 카드사 등에 공유된다.

민사집행법상 채무 불이행자명부의 유효기간은 10년이다. 이 기간이 지나면 법원은 직권으로 명부 말소 결정을 하고 채무자의 명부를 '말소철'로 옮겨 보관하며, 말소철에 있는 명부는 채무자 본인 또는 그 대리인만 열람할 수 있다. 법원은 시·구·읍·면 및 한국신용정보원에 대해서도 말소통지를 한다. 채무자는 채무 불이행자 명부의 유효기간이 지나기 전에도 변제 또는 그 밖의 사유로 채무가 소멸되면 말소 신청을 할 수 있다.

지분경매 +
토지 보상 경매

01

도로 지분 찾아
보상받기

도로 투자를 어렵게만 생각하지 말고 경·공매 시장에 지분으로 나온 도로 물건을 끈기를 가지고 찾다 보면 대박 물건에 접하게 된다. 경매·공매 물건을 검색하다 보면 지목이 '도로'이거나 지목은 '도로'가 아니지만, 도로로 사용되고 있는 물건들이 종종 보인다. 이런 물건 중에 투자 수익률이 높은 도로 등을 찾아 해결 솔루션을 공부해 남들이 모르는 투자법을 개발해볼 수 있다.

토지 보상 경·공매(지목변경 사업)의 장점은, 경·공매를 통해 낙찰받아도 매도할 곳이 국가가 되기 때문에 매도에 대해 염려하지 않아도 되는 장점을 갖는 투자법으로, 뒤에서 설명하는'미불용지 투자법'이나 '산림청임야 매도법'과 같이 국가에 매도해 투자 수익을 창출하는 것과 같은 맥락의 투자법이다.

개발사업이 예정된 부동산이 경·공매로 나오게 되면, 국가 등의 사업시행자(국가, 지방자치단체)가 지불하게 되는 보상가보다 낮은 금액으로 낙찰받아 수익을 내는 투자법이다. 각종 개발사업에 포함되어서 현재 토지 보상이 진행 중이거나 향후 보상이 예정된 토지 및 건물을 경·공매로 낙찰받아 보상금을 받는 방식의 투자 기법이다. 일반적인 토지 투자에 비해 환금성과 안정성이 높은 것으로 평가받고 있다.

다음과 같은 프로세스로 진행한다.

1. 경매 및 공매로 진행되는 지분 물건을 찾는다.
2. 공익사업으로 지정된 지역 토지 및 건물을 '토지이용계획확인원'에서 찾는다.
3. 해당 지역 사업시행자(시, 군청 도시계획과에 전화하기)에게 협의 양도 여부를 문의한다.
4. 정보공개 청구를 통한 문의(국민신문고, 정보공개 청구, 행정심판, 행정소송 등)를 한다.

경매 및 공매로 진행되는 지분 물건을 찾기 위해 태인경매 사이트 등 경·공매 사설 사이트 등을 이용해 다음과 같이 토지 중에서 도로에 체크하고, 지분경매도 체크해 지역별로 검색되는 경·공매 물건을 먼저 찾는 것이 우선이다.

지역을 먼저 체크하고, 유찰 및 진행 단계에서 물건 종류는 도로, 그리고 지분경매에 체크해 물건을 먼저 찾는다.

그 이후 다음 토지이용계획확인원을 체크해본다. 소로1류(폭 10~12m)라는 표시가 있어 우리가 찾는 보상 물건임을 알 수 있다.

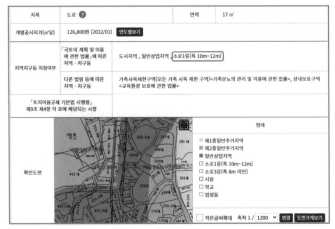

지목	도로 ?		면적	17 ㎡
개별공시지가(㎡당)	126,800원 (2022/01)	연도별보기		
지역지구등 지정여부	「국토의 계획 및 이용에 관한 법률」에 따른 지역·지구등	도시지역 , 일반상업지역 , 소로1류(폭 10m~12m)		
	다른 법령 등에 따른 지역·지구등	가축사육제한구역(모든 가축 사육 제한 구역)<가축분뇨의 관리 및 이용에 관한 법률>, 상대보호구역<교육환경 보호에 관한 법률>		
「토지이용규제 기본법 시행령」 제9조 제4항 각 호에 해당되는 사항				

범례
■ 제1종일반주거지역
■ 제2종일반주거지역
■ 일반상업지역
□ 소로1류(폭 10m~12m)
□ 소로3류(폭 8m 미만)
□ 시장
□ 학교
□ 법정동

확인도면

□ 작은글씨확대 축척 1 / 1200 [변경] [도면크게보기]

이같이 도로가 보이면 바로 지자체에 문의해 이 도로 토지의 상황에 대해 질문해서 보상 여부를 체크해보는 것이다.

검색결과
1.지역 : 경기
2.단계 : 유찰+진행
3.조건 : 물건종류:도로 / 특이사항:지분경매

[닫기 ⊡]

⊟ 종류별건수   기타부동산(15)

5매 경매결과 문자수신 [☑사진갈추기] [☑사진보이기] [전체선택] [전체해제] [등록하기]   [인쇄도움말] [인쇄]

검색건수 : 15건   정렬개수선택 ∨

사건번호 ↓	입찰일자 ↓	소재지 ↓	감정평가액 ↓	최저경매가 ↓	유찰회수 ↓	낙찰가 ↓

사건번호 ⇕	소재지	용도 입찰일자	감정평가액 ⇕ 최저경매가 ⇕ 낙 찰 가 ⇕	진행단계 (유찰 ⇕)	경매문의	조회수 물건등록
2021-447[3]	[부천4계] 경기 김포시 하성면 마곡리 ○○○ 외 1개 목록 [토지 0.99㎡] 지분경매 [지적개황도] [도시계획도] 5매 [새창보기]	도로 2023.05.18	553,682 388,000	유찰 (1회)		23 ☐
2022-70779	[의정부10계] 경기 가평군 청평면 청평리 ○○○ 외 3개 목록 [토지 200㎡] (일부)지분경매 [지적개황도] [도시계획도] 5매 [새창보기]	도로 2023.05.16	20,037,920 9,819,000	유찰 (2회)	의정부부동산경매 010-9090-○○○○ [경매상담]	34 ☐
2022-54592	[성남7계] 경기 광주시 조월읍 대쌍령리 ○○○ 외 3개 목록 [토지 959.99㎡] 지분경매 [지적개황도] [도시계획도] 5매 [새창보기]	도로 2023.05.15	320,636,660 109,978,000	유찰 (4회)	두리옥선부동산중개(주) 010-8271-○○○○ [경매상담]	70 ☐
2022-61979	[수원18계] 경기 수원시 영통구 망포동 ○○ 외 1개 목록 [토지 362.65㎡] 지분경매 [지적개황도] [도시계획도] 5매 [새창보기]	도로 2023.05.11	470,042,700 230,321,000	유찰 (2회)	하나부동산중개(주) 010-7735-○○○○ [경매상담]	108 ☐

질의 사항이 지자체에서도 해결되지 않는다면, 다음과 같이 정보공개 청구 및 신문고를 통해서 해결해나가면 된다. 정보공개 청구를 하는 방법은 인터넷상의 정보공개포털(https://www.open.go.kr)을 이용하는 방법과 방문, 우편, 팩스 등을 이용하는 방법이 있다.

먼저 정보공개포털 접속 후 청구 신청 메뉴로 간다. 간단하게 신청이 가능하다. 기관 찾기에서 정확한 기관을 찾기가 어려우면 상급 기관에 신청하면 된다.

출처 : 정보공개포털

청구신청

홈 > 청구/소통 > 청구신청 ⌄

·단계별로 마우스를 올리면 각각의 도움말을 보실 수 있습니다.

청구내용 입력	서류 첨부	청구기관 찾기	청구인 정보입력	청구 접수	임시저장 및 신청

단순질의·진정·신고·상담 등의 일반민원은 민원처리에 관한 법률에 따라 처리될 수 있도록
국민신문고 (www.epeople.go.kr)를 이용해 주시기 바랍니다.

국민신문고 바로가기

청구정보 [?]

* 표시 항목은 필수입력 사항입니다.

* 청구주제	행정재정 ⌄
* 제목	정보공개청구 제목을 입력하십시오 ※ 입력 가능한 총 글자수는 200바이트 이며, 이를 초과한 내용 작성 시 별도 파일로 작성 후 첨부하여 주시기 바랍니다. 작성내용 0 byte

청구기관 [?]

기관찾기 버튼을 눌러주세요. | 기관찾기

· 신속한 처리를 위해 청구기관을 하위기관까지 정확하게 선택하여 주십시오.
· 해당기관으로 바로청구 필요한 기관
대법원 [바로가기] : 법령, 판례, 판결, 입법예고, 경매, 소송 등의 청구 시
국가인권위원회[바로가기], 중앙선거관리위원회[바로가기], 국회[바로가기], 헌법재판소[바로가기], 농협[바로가기], KBS[바로가기], 한국토지주택공사(LH)[바로가기]
· '21.7.23.부터 금융감독원은 기관사정에 따라 직접 접수처리를 하오니, 금융감독원[바로가기]으로 바로 청구하여 주시기 바랍니다.

공개·수령방법 [?]

* 표시 항목은 필수입력 사항입니다

* 공개방법	○ 열람/시청	○ 사본/출력물	● 전자파일	○ 복제/인화물	
* 수령방법	○ 직접방문	○ 우편	○ 팩스	● 정보통신망(정보공개포털)	○ 기타

수수료정보 [?]

수수료정보

감면여부	● 해당없음	○ 해당

출처 : 정보공개포털

정보공개 청구를 할 때 검색어의 예를 보면,

예정 공도 : 필지 분할 시점, 결정고시 시점
도시계획시설 관련 : 결정고시 시점, 도로개설 목적, 실시 계획 일정, 집행계획 목록
건축 도로 관련 : 해당 건축물이 어떤 진·출입 도로로 건축 허가를 받았는지, 사용
　　　　　　　　　 승낙 여부

이와 같은 단어나 내용을 질의하면 된다.

정보공개 청구는 말 그대로 원하는 정보를 질의해서 답변을 얻고자 할 때 신청하는 것이고, '국민신문고'는 민원기관과 상담을 할 때 이용한다. 정보공개 청구를 하는 중 화면 중간을 보면 단순 질의 등은 국민신문고를 이용하도록 되어 있다.

단순질의·진정·신고·상담 등의 일반 민원은 민원 처리에 관한 법률에 따라 처리될 수 있도록 국민신문고 (www.epeople.go.kr)를 이용해주시기 바랍니다.

<국민신문고 민원의 내용>

• '법령·제도·절차 등 행정 업무에 관한 해석의 요구'
• '정부 시책이나 행정 제도 및 운영의 개선에 관한 건의'
• '행정기관의 위법·부당하거나 소극적인 처분 및 불합리한 행정제도로 국민의 권리를 침해하거나 국민에게 불편 또는 부담을 주는 사항의 해결 요구'

지분 토지 투자를 할 경우에는, 투자할 지분도 찾아야 하고 타 공유자에게 매도도 해야 한다. 그러나 보상 경매 투자는 매수자(국가, 지자체,

공공기관 등)가 정해져 있다. 매수자가 국가, 지차체, 공공기관 등이기에 안전하다.

공익사업은 선계획 후시행이다. 사업 대상지에 있는 토지를 낙찰받아도 여기에 해당된다면 계속 가지고 가고 싶어도 가지고 갈 수가 없다. 그때 사업 시행 기관에 보상을 신청해서 보상금을 받으면 된다.

토지에 대한 모든 정보는 토지이용계획확인서에 나와 있다. 도로도 마찬가지다. 공익사업으로 인해 개설된 도로나 개설 예정인 도로는 토지이용계획확인서에 표기된다.

다음의 단어가 들어가 있는 토지이용확인서를 찾는다. 해당 단어를 찾는 것이 가장 중요한 첫 번째 방법이다. 소로, 중로, 대로, 도로구역과 같은 단어가 들어 있는지를 찾는다. 보상을 목적으로 도로에 입찰하는 경우, 토지이용계획확인서를 보면 빨간색 줄이 그어져 있다.

도로가 개설되거나 이미 개설되어 있는 경우, 국가에서 보상해주는 땅이다.

> **접합, 접함** : 해당 물건은 도로에 접해 있음.
> **저촉** : 해당 물건의 일부가 도로에 편입되어 있음.

이러한 도로에서, 개설될 경우(미집행 시설)나 개설되었는데 보상이 이루어지지 않은 경우(집행 시설), 모두 보상 대상이다.

❱기본정보 경매1계(t

대표소재지	[목록3],				목록 N지도 D지도 도로명주소		
대표용도	도로		채 권 자	농협중앙회			
기 타 용 도	-		소 유 자	'	신 청 일	2021.05.21	
감정평가액		4,958,000원	채 무 자		개시결정일	2021.05.24	
최저경매가	(100%) 4,958,000원		경 매 대 상	토지전부	감 정 기 일	2021.06.03	
입찰보증금	(10%) 495,800원		토 지 면 적	37㎡ (11.19평)	배당종기일	2021.08.13	
청 구 금 액	139,510,406원		건 물 면 적		기 각 일	2021.11.18	
등기채권액	17,353,770원		제시외면적	-	차기예정일	종국	
물 건 번 호	1 [기각] 2 [기각]						

❱물건사진/위치도

❱주의사항

[기본내역]
• 일괄매각

창원가포 공공주택지구 주택지구 밖의 사업
(중로1-99호선) 보상계획 추가(변경) 및 열람 공고

국토교통부 고시 제2022-376(2022.06.30.)호로 사업승인 고시된 「창원가포 공공주택지구 주택지구 밖의 사업 변경(2차) 승인」에 편입되는 주택지구 밖의 사업 (중로 1-99호선)의 추가 편입 및 변경되는 토지 및 물건 등에 대하여 「공익사업을 위한 토지 등의 취득 및 보상에 관한 법률」(이하 "토지보상법") 제15조 규정에 따라 아래와 같이 보상계획을 변경 공고하오니 토지 등의 소유자와 관계인께서는 토지조서 및 물건조서를 열람하시고 조서의 내용에 이의가 있는 경우 열람기간 이내에 서면으로 이의신청하여 주시기 바랍니다.

1. 공익사업의 개요

사업의 종류 및 명칭	사업시행자	사업 위치 및 면적	추가(변경)
창원가포 공공주택지구 주택지구 밖의 사업 (중로1-99호선)	한국토지주택공사	경상남도 창원시 마산합포구 가포동 일원 (38,795.4㎡)	당초 32,360㎡ 변경 38,795.4㎡

* 해당 사업기간은 향후 사업추진일정에 따라 연장 가능

2. 보상대상 및 열람내용

02

미불용지란?

경매의 특수물건인 고수들만 한다는 '미불용지 투자'에 대해 살펴보자.
먼저 미불용지에 대해 알아보자.

---

* 미불용지란?(= 미지급용지)
국가에서 도로로 사용하면서 소유자에게 보상해주지 않은 토지, 즉 공익사업이 시행
된 토지인데도 불구하고 소유권은 개인에게 있고, 보상금이 지급되지 않은 토지를 말
한다.

원칙적으로 공공사업에 편입된 토지는 사업 시행 이전에 보상이 완
료되는데, 여러 가지 원인으로 보상금을 지급하지 않은 채 공익사업에
사용하고 있는 경우에 미불용지가 되는 것이다.

본인이 보유하고 있는 토지가 공공의 목적으로 매수되어야 되는데,
제대로 매수가 진행되지 않았거나 보상을 제대로 받지 못한 경우에는

보상을 받지 못한 땅이라는 뜻으로 '미불용지'라고 한다.

그럼, 이번에는 미불용지를 찾는 법에 대해 알아보자.

먼저 경·공매에 나온 물건 중 미불용지의 정의에 맞는 토지(도로, 전, 답, 임야, 대)를 고른다.

---

① 종전에 시행된
 - 과거에 시행된 사업(도시계획시설과 같은 도로예정지는 미불용지가 아니다.)

② 공익사업의 부지로서
 - 과거에 공익사업으로 개설된 도로(개인 땅 진·출입로는 공익사업이 아니다.)

③ 보상금이 지급되지 아니한 토지
 - 보상금은 이미 지급되었으나 소유권이전등기가 되지 않은 경우

이 3가지를 기억하자.

종전에 시행된, 공익사업의 부지로서, 보상금이 지급되지 않은 토지, 이것이 미불용지를 고르는 중요한 3가지 조건이다.

미불용지 확인 방법은 다음과 같다.

1. 지자체에 전화 문의

가장 간편하고 손쉽게 알아낼 수 있는 방법이다.

2. 정보공개 청구를 통한 문의

정보공개포털에서 문의하면 되는데 시일이 걸린다는 단점이 있으나, 답변이 근거가 될 수 있다.

정리하자면, 다음과 같다.

첫 번째, 미불용지일 것.
같은(도로, 공원, 하천 등) 경·공매 물건이 있으면,
두 번째, 토지이용계획확인원 확인.
세 번째, 지자체에 전화 문의를 하거나 정보공개 청구로 미불용지 여부 확인(보상예산 및 보상 시점 확인).

미불용지의 정의에 맞는 토지(도로, 전, 답, 임야, 대)를 고르자.

출처 : 토지이음

실전반 제자가 지분경매 물건 토지 3건을 낙찰받아 그중 1건의 물건에 대해 잔금을 치르고 나서 소유권을 가지고 있는 지자체에 내용증명을 보내니 지자체로부터 미불용지이니 매수 신청해줄 것을 요청받아 '미불용지 매수 신청서'를 제출해 보상금을 낙찰가격의 6배를 받은 사례를 소개한다.

　신청서 제출 후 미불용지 손실보상금 협의 통지서를 받아 계약을 위한 구비서류 등의 안내를 받았다. 국세 및 지방세 완납증명서 및 근저당권 등 권리 해지 및 포기서를 제출해야 한다. 110만 원 정도에 낙찰받은 토지인데 약 650만 원 정도의 미불용지 보상금을 받은 사례다. 임야의 일부(1/6 지분)가 농업생산기반시설사업으로 편입된 경우다.

　이처럼 '지분경매+보상경매' 투자법은 많은 조사와 검토를 통해 흙속에서 진주를 찾는 투자법으로, 많이 알려지지 않은 블루오션 투자법이다.

미불용지 매수 신청서

○ 사 업 명 :　　　　　　　｜지선) 농로확포장공사
○ 위　　치 : 달성군
○ 편입내역 : 달성군　　　　　　　　선지(지분 1/6)
○ 소 유 자 : 주식회사

상기 편입 내역과 관련하여 본인 소유 토지
　　　｜(802㎡) 중 지분 1/6이 농업생산기반시설 정비사업에
편입되었으나 보상협의에 누락되었기에 매수청구를 신청하며 달
성군에서 감정평가 후 보상협의 시 이의 없이 협의하며 보상금을
수령함을 확약함.

2022 .　 .　 .

신청인

주　 소 :
성　 명 :　　　　　　(인)
연 락 처 :

군 수 귀하

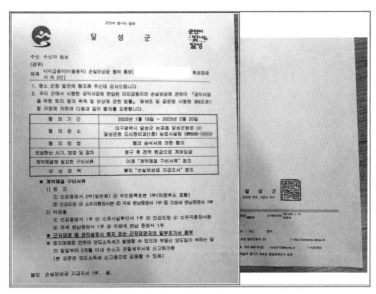

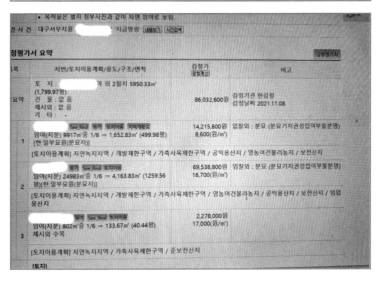

지분경매 +
산림청임야 매도법

산림청 홈페이지
(www.forest.go.kr)

산림청임야 매도법은 법령규제 등으로 개발행위 및 매매가 제한되어 수익을 내는 자산으로서의 가치가 없다고 판단한 임야를 산림청에 매도해 현금화할 수 있는 투자법이다.

우리는 공유 지분 임야를 경·공매를 통해서 낙찰받아 1년 정도 공유물분할 소송으로 지분 해소를 해서 산림청에 매도하는 지분경매의 파생상품 투자법에 대해 공부한다.

다음은 산림청에서 563억 원을 투입해서 '사유림 4,146ha를 매수 예정에 있다'는 신문 보도 내용이다(4,146ha × 3,025평 = 약 1,254만 평).

1ha = 100a = 10,000㎡/3.305785 = 약 3,025평
즉, 가로, 세로 100m의 면적이다.
1ha = 10,000㎡÷3.305785 = 약 3,025평
참고로 축구장 넓이는 7,140㎡ = 0.714ha이다.

일단 1ha가 약 3,000평이라는 것을 기억해야 산림청임야 매도법에 투자할 때 면적 등을 산출하는 데 유용하다.

산림청은 563억 원을 투입해 사유림 4,146㏊를 매수할 예정에 있다. 서울 여의도 면적의 약 14배에 이르는 규모다. 매수 대상 임야는 산림 관계법률 등에 따라 개발행위가 제한된 공익용 산림이거나 국유림 경영·관리에 필요한 산림이다. 특히, 산림의 공익적 기능 증진을 위해 백두대간보호지역, 수원함양보호구역, 국립수목원 완충구역, 제주 곶자왈 등 보전이 필요한 산림을 우선 매수한다.

사유림 매수가격은 감정평가업자 2인의 감정평가액을 산술평균한 금액으로 결정되며, 이 중 1개의 감정평가 기관은 산림을 매도하는 산주가 추천할 수 있다. 산림청은 전체 매수 면적 중 매매대금을 일시불로 지급하는 일시 지급형으로 3,566ha(488억 원), 연금제도처럼 매매대금을 10년 동안 분할 지급하는 산지 연금형으로 580ha(75억 원)를 매수할 예정이다.

올해 사유림 매수 예산은 전년 대비 116억 원이 증액된 규모로, 일시 지급형 사유림 매수 기준단가 역시 전년도 전국 평균 기준단가 대비 20% 인상되었다. 산지 연금형 사유림 매수는 전년도 시행 초기와 비교 시 매수기준 상한가 제한제도가 완화됐으며 매매대금의 40%까지 선지급할 수 있도록 개선되었다.

매수 제한지로 분류했던 공유 지분 임야도 4인 이내의 공유 지분(30ha 이상 시 5인 이상 공유 지분)까지 매수 대상으로 포함하는 등 그동안 시행 과정에서 나타난 문제점을 대폭 개선해 추진한다.

사유림 매수 신청은 연중 접수하고 있으나 예산 소진 시 조기 종료된다. 사업에 참여하고 싶은 산림소유자는 산림청 누리집(www.forest.go.kr)을 참고하면 된다.

잘 살펴보면 공유 지분을 매수 대상에 포함한다는 문구가 있다. 그래서 우리 공유 지분경매 투자자에게는 또 하나의 기회가 되는 투자법이고, 또 다른 지분경매의 파생상품인 것이다.

경·공매로 낙찰받은 지분 물건을 1년간 공유물분할 소송을 통해서 현물분할을 받은 후 내 지분 단독으로 산림청에 매도하는 것이다.

매수 제한지로 분류했던 공유 지분 임야도 4인 이내의 공유 지분 (30ha 이상 시 5인 이상 공유 지분)까지 매수 대상으로 포함하는 등 그동안 시행 과정에서 나타난 문제점을 대폭 개선해 추진한다.

정부는 산림청 지역 관리소를 통해 산림보전 및 국유림 관리의 효율성 증대를 위해 보전이 필요하다고 판단되는 개인 소유 임야를 매입하는 사유림 매수 제도를 시행하고 있다. 특히 산림청의 매수 제외 산림에 해당하지 않는다면 보전산지, 공익용 산지 등 규제사항이 강해 가치 상승이 적은 임야일수록 매수 대상이 될 수 있는 확률이 높다.

예를 들면, 임야가 국토 계획 및 이용에 관한 법률에 따른 지역·지구상 농림지역, 자연환경보전지역에 해당하며, 법령 제한 사항으로 국립공원 및 공원자연환경지구로 지정되어 있어 자연공원법에 의한 행위 규제를 받는 임야의 경우, 법적인 소유권은 임야 소유자에게 남아 있지만, 각종 행위규제로 인해 실질적인 사용권은 공원을 관리하는 국립공원관리단에 있으며, 소유권자는 재산세만 납부를 해야 하는 상황에 처해 있다.

또한, 임야가 맹지이며 급경사에 위치하고 있어 개발행위가 전혀 안되는 상황으로 향후 자산가치 상승도 기대하기 어려운 경우가 있다. 이렇게 방치된 임야의 경우, 그 해결방안으로 사유림 매수 제도를 적극적으로 활용해볼 만하다.

구체적으로 산림청이 매수하는 임야는 국유림 확대 계획지 내에 있는 산림, 국유림에 접해 이어져 있거나 둘러싸여 있는 산림, 임도·사방댐 부지 등 국유림 경영·관리에 필요하다고 인정되는 토지, 국유림 집단화 권역에 있는 산림으로서 일정한 기준에 적합한 산림 등이다.

반면, 저당권 및 지상권 등 사권이 설정된 산림, 지적공부와 등기부상의 면적이 서로 다르거나 지적공부에 표시된 위치와 실제 위치가 서로 다른 산림, 두 사람 이상 공유의 토지 또는 산림으로서 공유자 모두의 매도 승낙이 없는 산림, 소유권 및 저당권 등을 대상으로 소송 절차가 진행 중인 산림, 최근 1년 이내에 소유권 이전 등 변동이 있는 산림, 관할 국유림관리소별 기준 단가를 초과하는 산림 등은 매수하지 않는다.

매수 대상지는 매수 후 경영계획을 수립해 5년 이내에 산림경영이 필요한 임지, 임도 계획 등으로 기계장비 및 인력의 접근성이 용이한 임지, 평균 경사도가 30도 이하인 임야, 암석지 또는 석력지가 5% 이하인 임야의 조건을 충족해야 한다.

한편 2개의 감정평가법인의 평균 감정 평가금액으로 매수가격이 산정되는 만큼 시세보다 낮은 금액으로 매각될 수 있다. 다만 한정된 예산에 따라 해당 연초 공고 이후 공·사유림 매수 청구 접수물량이 집중되면 산림청에서는 더 이상 매수를 진행하지 않는다. 즉 1년 단위로 매수계획을 세워 예산을 집행하기에 예산이 소진되면 해당 연도의 매입은 할 수 없기에 1년을 기다려야 한다.

따라서 산림청에서 매년 1월 말까지 홈페이지에 매수계획을 공고하고 있으므로 이를 잘 확인해야 한다. 그리고 해당 임야가 소재하는 관할 국유림 사무소에 자세한 내용을 확인하고 절차를 진행하면 된다.

사유지 매수 신청 안내문 등은 산림청 홈페이지를 통해서 찾아볼 수 있다.

국립공원 사유지 매수 신청 안내

○ 대　상　지: 자연공원법 제76조 「협의에 의한 토지 등의 매수」 대상지로, 국립공원 내 사유지

○ 사업목적: 국립공원 내 특별히 보호할 가치가 높은 핵심지역 내 사유지 매수를 통한 공원자원 보전 및 자연 생태계 훼손 예방

○ 신청기한: 2023. 1. 9. ~ 2. 12.
　　※ 신청기한을 반드시 준수해 주시기 바랍니다.

○ 추진근거: 자연공원 제76조

○ 제출서류
　1. 토지매수 신청서(방문작성)
　2. 토지 등기부등본(건물 등 등기부등본)
　3. 토지 대장(건축물 대장)
　4. 토지소유자 증빙자료(주민등록증 등 지참)
　5. 장애인 확인서(해당자)

○ 문　　의: 무등산동부사무소 자원보전과 사유지매수 담당자 김　　(☎061-370-　　)
　　※ 광주 소재지는 무등산사무소 사유지매수 담당자 김　　(☎062-230-　　)

다음 내용은 ○○국유림관리소 공고 내용이니 산림청 누리집(www.forest.go.kr)에 게시된 공고문을 참고하기를 바란다.

■ ○○국유림관리소는 산림의 공익기능 확보와 국유림의 경영 및 관리의 효율성 증대를 위해 20억 원을 투입, 관할지역인 5개 시군의 사유림 132㏊를 매수할 계획이다.

● 매수한 사유림은 국가에서 조림, 숲 가꾸기 사업 등을 통해 생태적으로 건강하고 경제적·공익적 가치를 높이는 숲으로 조성해 목재 자원을 공급하고 국민들이 산림에서 다양한 혜택을 누릴 수 있도록 도시숲 등을 조성하는 데 제공된다.

● 사유림의 매수는 기존 국유림과 가까워 국유림 확대가 가능하거나 국유림의 경영관리에 적합한 경우에 중점 매수하며, 백두대간 보호구역 및 산림보호구역 등 산림 관련 법률 등에 따라 지정되어 이용이 제한되는 사유림도 매수 대상에 포함된다.

● 다만 저당권, 지상권 등 사권이 설정된 산림, 현재 소송 절차가 진행 중인 산림, 최근 1년 이내 소유권이전 등 변동이 있는 산림(상속, 증여 제외) 등은 매수 대상에서 제외된다.

● 특히, 일시 지급형에 비해 산지 연금형은 기준단가를 상향 및 산림청에서 별도로 정하는 이자와 지가상승분에 해당하는 금액을 추가로 산정해 매매대금을 10년간(120개월) 월 단위로 나눠 지급해 매월 안정적인 소득원을 확보할 수 있다는 장점이 있다.

● 기타 매수 대상지 조건, 지급금 결정 및 지급 방법 등은 산림청 누리집(www.forest.go.kr)에 게시된 공고문을 참고하거나 ○○국유림관리소에 방문·유선을 통해 사전 상담 후 매도 절차를 진행할 수 있다.

* 산림청 누리집(www.forest.go.kr) → 행정정보 → 알림 정보 → 사유림을 삽니다 → '2023년도 ○○지방산림청 공·사유림 매수 계획

관할 국유림관리소별 '기준단가'를 초과하는 산림 등은 매수하지 않는다.

그러므로 먼저 전화 등을 통해서 각 국유림관리소의 기준단가 등을 알아보고 그 기준단가보다 훨씬 저렴한 가격에 입찰해야 한다. 기준단가를 먼저 아는 것이 중요한 요소다.

북부지방산림청(2022년. 033-738-6130))	
춘천(033-240-9920~2)	967원
홍천(033-439-5520~3)	1,428원
서울(02-3299-4530~5)	1,631원
수원(031-240-8910~6)	1,984원
인제(033-460-8020)	789원
민북(033-480-8521~3)	789원

중부지방산림청(2022년. 041-850-4032)	
충주(043-850-0320~3)	1,333원
보은(043-540-7050~3)	946원
단양(043-420-0330~3)	963원
부여(041-830-5030~5)	1,763원

남부지방산림청(2022년. 054-850-7733)	
영주(054-6304020~3)	640원
영덕(054-730-8120~3)	640원
구미(054-712-4110~2)	747원
울진(054-780-3920~3)	795원
양산(055-370-2740~3)	1,249원

서부지방산림청(2022년. 063-620-4632)	
정읍(063-570-1920~3)	1,041원
무주(063-320-3620~2)	911원
영암(061-470-5320~4)	848원
순천(061-740-9320~3)	855원
함양(055-960-2520~3)	899원

동부지방산림청(2022년. 033-640-8532)	
강릉(033-660-7712~3)	676원
양양(033-670-3024)	728원
평창(033-330-4021~2)	728원
영월(033-371-8120~6)	611원
정선(033-560-5520~2)	640원
삼척(033-570-5221~2)	592원
태백(033-550-9940~3)	603원

공·사유림 매수 공고

'국유림의 경영 및 관리에 관한 법률' 제18조, 같은 법 시행령 제12조 및 '산림청 소관 국유재산 관리규정' 제15조 제1항의 규정에 따라 2023년도 공·사유림의 매수 계획을 다음과 같이 공고합니다.

2023. 1. 13.
산 림 청 장

2023년도 공·사유림 매수 계획 공고(안)

산림청에서는 산림 생태계 보전, 재해 방지, 산림 복지 서비스 증진 및 산림 자원의 육성 등을 위해 공·사유림을 매수하고 있습니다. 따라서 공·사유림을 국가에 팔고자 하는 소유자께서는 해당 임야의 소재지 관할 매수기관(붙임1)에 매도 신청해주시기 바랍니다.

① 2023년 공·사유림 매수계획

구분	계	북부지방 산림청	동부지방 산림청	남부지방 산림청	중부지방 산림청	서부지방 산림청	국립 수목원	제주특별 자치도
면적 (ha)	4,146.0 (580.0)	285.0 (130.0)	213.5 (60.0)	1,022.5 (130.0)	802.0 (130.0)	1,772.5 (130.0)	0.5	50
예산 (백만 원)	54,834 (7,139)	5,398 (2,291)	1,954 (478)	9,492 (1,065)	12,361 (2,095)	19,053 (1,210)	1,576	5,000
비고 (우선순위)	산림 관련 법률에 따른 법정 제한림 등 공익임지(산지 연금형 포함) 및 산림경영임지						광릉숲 완충구역	곶자왈 보전림

* ( )는 산지 연금형 사유림 매수 사업량 및 예산 내역임(기계약분 지급액 포함)

② 매수 대상지 심사 기준

1. 매수하는 산림

1) 산림 경영 임지

가. 매수 대상지

⑴ 국유림 확대계획지 내 산림

⑵ 국유림에 접해 이어져 있거나 둘러싸여 있는 산림

⑶ 임도·사방댐 부지 등 국유림 경영·관리에 필요하다고 인정되는 토지

⑷ 국유림 집단화 권역에 있는 산림으로서 다음의 기준에 적합한 경우

○ 기존 국유림으로부터 1km 이내의 경우 1ha 이상만 매수

○ 기존 국유림으로부터 1.5km 이내의 경우 2ha 이상만 매수

○ 기존 국유림으로부터 2km 이내의 경우 3ha 이상만 매수

○ 기존 국유림으로부터 2km 이상의 경우 5ha 이상만 매수

나. 매수 대상지 조건
 (1) 사업 착수의 시급성
  ○ 매수 후 경영계획을 수립해 5년 이내에 산림경영이 필요한 임지
  ○ 임도계획 등으로 기계장비 및 인력의 접근성이 용이한 임지
 (2) 지형
  ○ 평균 경사도가 30° 이하인 임야
  ○ 암석지 또는 석력지가 5% 이하인 임야
  ※ 다만, 위 2가지 기준을 초과하는 임야인 경우에도 산림사업
    및 보전에 필요한 경우와 구체적인 사용계획이 있는 경우 매
    수 가능

2) 산림공익임지
 (1) 산림 관련 법률에 의한 행위 제한 산림으로서 '산림보호법', '백
    두대간 보호에 관한 법률', '산지관리법' 등에 따라 매수 청구한
    산림
 (2) 다른 법률에 따라 구역·지역 등으로 지정된 산림은 국가가 보
    존할 필요가 있다고 인정되는 경우에 한해 제한적으로 매수

3) 산지 연금형 사유림 매수 임지
 (1) '도시숲 등의 조성 및 관리에 관한 법률'에 따른 도시숲·생활숲
    으로 필요한 경우
 (2) '산지관리법'에 따른 산지 전용·일시 사용 제한 지역으로 지정
    되었거나 지정하기 위해 필요한 경우

(3) '백두대간 보호에 관한 법률'에 따른 백두대간의 보호를 위해 필요한 경우

(4) '수목원·정원의 조성 및 진흥에 관한 법률'에 따른 수목원·정원, '산림문화·휴양에 관한 법률'에 따른 자연휴양림·산림욕장·치유의 숲, '산림교육의 활성화에 관한 법률'에 따른 유아숲체험원·산림교육센터, '산림보호법'에 따른 산림보호구역·생태숲(산림생태원을 포함한다) 또는 '사방사업법'에 따른 사방지로 필요한 경우

(5) 다른 법률에 따라 구역·지역 등으로 지정된 산림으로서 국가가 보존할 필요가 있다고 인정되는 경우

4) 제주특별자치도 곶자왈 보전림

(1) 희귀 산림 생태 보전을 위해 생태등급 1~2급지 및 집단화된 국유림 연접지를 대상으로 매수

(2) 조천·한경 곶자왈 지역 위주로 우선 매수 추진

5) 소양강댐 탁수저감 토지

(1) 소양강 상류 지역의 산림 안 또는 인근에 있으면서 경작으로 인한 토사 유출이 우려되는 토지

　※ 양구(해안면), 홍천(내면), 인제(서화면 또는 가아리) 지역의 고랭지 밭 등

6) 광릉 숲 생물 보존권지역 내 완충지역 토지

(1) '수목원·정원 조성 및 진흥에 관한 법률' 제19조의 2, 제19조의 3에 따른 국립수목원 완충 지역 내 토지

(2) 광릉 숲 보전에 지장을 줄 수 있는 매수 지역 우선 매수

2. 매수하지 않는 산림

1) 저당권 및 지상권 등 사권이 설정되어 있는 산림

2) '입목에 관한 법률'에 따른 입목등록 또는 입목등기가 되어 있는 산림

3) 지적공부와 등기부상의 면적이 서로 다르거나 지적공부에 표시된 위치와 실제 위치가 서로 다른 산림

4) 두 사람 이상 공유의 토지 또는 산림으로서 공유자 모두의 매도 승낙이 없는 산림(산지 연금형은 5인 이상의 공유의 토지 또는 산림은 매수하지 않음. 단, 30*ha* 이상인 경우 예산 상황, 매수 타당성 등을 고려해 매수할 수 있음)

5) 소유권 및 저당권 등을 대상으로 소송 절차가 진행 중인 산림

6) 다른 법률에 따라 개발 절차가 진행 중이거나 진행될 것으로 예상되는 산림

7) 최근 1년 이내에 소유권이전 등 변동이 있는 산림(단, 상속이나 증여에 따라 소유권이 변경된 경우 예외)

8) 국유림 확대 및 집단화를 할 수 없는 산림

9) 산림관계 법률 외 법률에 따라 국립공원 등 산림사업의 행위가 제한되는 산림(다만, 허가·협의·신고·승인 등의 절차를 통해 산림사업을 추진할 수 있는 곳은 매수할 수 있음. '자연공원법'에 따른 '공원구역'은 해당 부처의 매수 정책과 중복되어 매수 지양)

10) 관할 국유림관리소별 기준단가를 초과하는 산림(단, 산림경영 등을 위해 반드시 필요하다고 판단되어 국유림경영관리자문위원회 자문 결과 매수하기로 결정하는 경우 예외)

3. 매수 절차 및 가격 결정

1) 매수 절차

〈매매대금을 일시 지급하는 경우〉

〈매매대금을 분할지급하는 경우〉

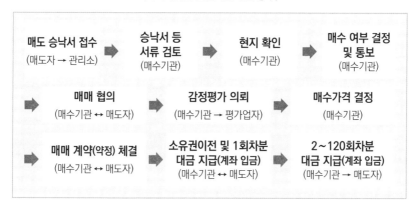

2) 매수가격 결정(매매대금)

(1) 감정평가업자 2인(토지거래계약 허가구역 경우에는 3인)의 감정평가액
을 산술평균한 금액으로 결정

(2) 다만, 국가의 보조를 받아 임도·조림·숲 가꾸기 등 산림사업을
실행한 공·사유림은 해당 산림사업의 준공일부터 5년 이내에

매수하는 때에 한정해 그 보조금의 전부 또는 일부에 상당하는
금액을 공제한 금액으로 감정평가

3) 분할지급금 결정 및 지급 방법

(1) (지급 방식) 10년(120개월)간 1개월 단위로 지정된 날짜에 월 1회
매도인 명의의 계좌로 이체해 지급

(2) (총지급액) '3. 2)'에 따른 매매대금, 지급 회차별 총이자액, 지급
회차별 총지가상승보상액으로 구성

(가) 매매대금 : '3. 2)'에 따른 감정평가액

(나) 이자액 및 지가상승보상액 : 이자율 2.0%, 지가 상승율 2.85%
적용 산출

(3) (월지급액) 월별 ① 매매대금 균등 지급액, ② 이자액, ③ 지가상
승보상액으로 구성

① 월별 매매대금 균등 지급액 : '매매대금'의 100분의 40 이내에
해당하는 금액을 1회차 분할지급 시 우선 지급하고, 잔여 대금
에 해당하는 금액은 10년간 월 1회 균등 분할 지급

② 월별 이자액 : 월별 매매대금의 균등 분할지급액 외에 남은 매
매대금 잔액에 이자율을 적용 산출한 총이자액을 분할지급 기
간으로 나눈 금액(균등)

③ 월별 지가상승보상액 : 현 회차 지가평가액[전 회차 지가평가
액에 지가상승율 반영액]에서 전 회차 지가평가액을 차감한 금
액에 원금 잔존 비율을 적용 산출한 금액

(4) 위 '(2)', '(3)'에 따른 산지 연금형 사유림 매수의 '총지급액' 및
'월지급액'의 산출은 산림청에서 구축한 '산지 연금형 사유림
매수 금액산정프로그램'에 의함

(5) 그 밖의 매매대금 등의 분할 지급에 관한 사항은 '매수기관'과 '매도인'이 별도로 체결하는 '매매계약서' 및 '약정서'에 의함

4. 매도문의 및 서류 접수

1) 문의 및 접수 : 팔려고 하는 토지의 소재지를 관할하는 지방산림청 소속 국유림관리소 및 국립수목원 광릉숲 보전센터, 제주특별자치도 산림휴양과를 직접 방문 또는 우편, FAX로 감정평가업자의 평가액을 산술평균한 가격으로 매도하겠다는 '매도 승낙서' 제출

2) 접수 기간 : 연중

5. 기타 유의사항

1) 감정평가 시 토지소유자가 감정평가업자 1인을 추천할 수 있으며, 감정평가 후 가격 차이 등으로 매도를 포기해 국가 예산이 낭비되는 일이 없도록 사전에 심사숙고해서 매도 결정하시기 바랍니다.

2) 만약 매도를 포기하고자 할 경우에는 감정평가 이전에 해야 하고, 매도 신청을 했어도 예산에 비해 토지가격이 월등히 높은 지역은 매수하지 않을 수도 있으니 사전에 매도 승낙서를 제출한 기관(부서)과 충분한 협의를 해야 합니다.

3) 특히, 산지 연금형 사유림 매수의 경우 매도자는 관할 국유림관리소로부터 제도에 대한 안내설명을 듣고 참여 동의 절차를 이행해야 합니다.

매수기관별 관할지역·주소·전화번호

매수기관	관할지역	주소	전화번호
북부지방산림청	춘천·홍천·서울·수원·인제·민북지역국유림 관리소 관할 지역 총괄	우) 26461 강원도 원주시 배울로124	T) 033-738-6240~2 F) 033-738-6200
춘천국유림관리소	강원도 춘천시·철원군·화천군, 경기도 가평군 (민북관리소 관할 제외)	우) 24204 강원도 춘천시 신북읍 맥국길 5	T) 033-240-9920~2 F) 033-240-9939
홍천국유림관리소	강원도 원주시·홍천군·횡성군	우) 25121 강원도 홍천군 홍천읍 마지기로 93	T) 033-439-5520~3 F) 033-433-7706
서울국유림관리소	서울시·인천시와 경기도 부천시·광명시·시흥시·김포시·의정부시·동두천시·남양주시·구리시·고양시·파주시·포천시·양주시·연천군	우) 02791 서울특별시 성북구 화랑로 18가길 30	T) 02-3299-4530~5 02-3299-4550~3 F) 02-965-0645
수원국유림관리소	경기도 수원시·안양시·평택시·안산시·오산시·군포시·의왕시·하남시·성남시·과천시·이천시·용인시·화성시·안성시·여주시·광주시·양평군	우) 16634 경기도 수원시 권선구 매송고색로 503번길 18	T) 031-240-8910~6 F) 031-240-8941
인제국유림관리소	강원도 인제군 (민북관리소 관할 제외)	우) 24629 강원도 인제군 인제읍 인제로255	T) 033-460-8024~5 F) 033-461-6580
민북지역국유림 관리소	강원도 양구군·인제군 (서화면)·화천군(상서면, 화천읍)·철원군	우) 24518 강원도 양구군 양구읍 학안로 187	T) 033-480-8521~3 F) 033-480-8527
동부지방산림청	강릉·양양·평창·영월·정선·삼척·태백국유림 관리소 관할지역 총괄	우) 25473 강원도 강릉시 종합운동장길 57-14	T) 033-640-8530~ 2, 4 F) 033-642-8302

매수기관	관할지역	주소	전화번호
강릉국유림관리소	강원도 강릉시	우) 25428 강원도 강릉시 연곡면 진고개로 2530-28	T) 033-660-7711~2 F) 033-661-8326
양양국유림관리소	강원도 속초시·고성군· 양양군	우) 25020 강원도 양양군 양양읍 송암길 13-48	T) 033-670-3024 033-670-3026~7 F) 033-671-1805
평창국유림관리소	강원도 평창군	우) 25359 강원도 평창군 대화중앙 2길 11-3	T) 033-330-4021~2 F) 033-333-2602
영월국유림관리소	강원도 영월군	우) 26235 강원도 영월군 영월읍 영월로 1909-1	T) 033-371-8120~6 F) 033-373-1341
정선국유림관리소	강원도 정선군	우) 26131 강원도 정선군 정선읍 봉양5길 17	T) 033-560-5520~1, 3 F) 033-562-5473
삼척국유림관리소	강원도 삼척시(하장면 제외)·동해시	우) 25933 강원도 삼척시 근덕면 맹방해변로 13	T) 033-570-5221~2 F) 033-576-0962
태백국유림관리소	강원도 태백시·삼척시 (하장면에 한한다.)	우) 26031 강원도 태백시 번영로 293	T) 033-550-9940~3 F) 033-552-9062
남부지방산림청	영주·영덕·구미·울진· 양산국유림관리소 관할지역 총괄, 울릉군	우) 36663 경북 안동시 솔밭길 28	T) 054-850-7730~3 F) 054-850-7778
영주국유림관리소	경북 안동시·영주시· 문경시·의성군·예천군· 봉화군	우) 36139 경북 영주시 반지미로 178	T) 054-630-4020~3 F) 054-634-2420
영덕국유림관리소	경북 포항시·경주시· 영천시·청송군·영양군· 영덕군	우) 36409 경북 영덕군 영해면 벌영3길 27	T) 054-730-8120~3 F) 054-732-9420

매수기관	관할지역	주소	전화번호
구미국유림관리소	대구광역시와 경북 경산시·구미시·김천시·상주시·고령군·군위군·성주군·청도군·칠곡군	우) 39360 경북 구미시 금오대로 307-2	T) 054-712-4110~3 F) 054-712-4114
울진국유림관리소	경북 울진군	우) 36326 경북 울진군 울진읍 대흥신림로 1397	T) 054-780-3920~3 F) 054-783-1049
양산국유림관리소	부산광역시·울산광역시·경남 김해시·창원시(창원·마산·진해)·밀양시·양산시·창녕군·함안군	우) 50639 경남 양산시 동면 금오로 25	T) 055-370-2740~3 F) 055-383-4303
중부지방산림청	충주·보은·단양·부여 국유림관리소 관할지역 총괄	우) 32599 충남 공주시 봉정돌고개길 20	T) 041-850-4031~3 F) 041-850-4034
충주국유림관리소	충북 충주시·진천군·괴산군·음성군·증평군	우) 27478 충북 충주시 중원대로 3006	T) 043-850-0320~3 F) 043-850-0369
보은국유림관리소	충북 청주시·보은군·옥천군·영동군	우) 28946 충북 보은군 보은읍 장신로 46	T) 043-540-7050~3 F) 043-540-7020
단양국유림관리소	충북 제천시·단양군	우) 27010 충북 단양군 단양읍 별곡6길 16	T) 043-420-0330~3 F) 043-423-1256
부여국유림관리소	대전광역시·세종특별자치시·충남 천안시·공주시·계룡시·보령시·아산시·서산시·논산시·금산군·부여군·서천군·청양군·예산군·태안군·당진시·홍성군	우) 33123 충남 부여군 규암면 백제문로 19-16	T) 041-830-5030~7 F) 041-835-1995
서부지방산림청	정읍·무주·영암·순천·함양국유림관리소 관할지역 총괄	우) 55710 전북 남원시 산동면 요천로 2311	T) 063-620-4630~2 F) 063-635-4607

매수기관	관할지역	주소	전화번호
정읍국유림관리소	전북 군산시·익산시·정읍시·김제시·전주시·완주군·순창군·고창군·부안군	우) 56190 전북 정읍시 상동 벚꽃로 564-20	T) 063-570-1920~3 F) 063-570-1929
무주국유림관리소	전북 남원시·진안군·무주군·장수군·임실군	우) 55522 전북 무주군 무주읍 주계로 152	T) 063-320-3620~3 F) 063-320-3670
영암국유림관리소	광주광역시와 전남 목포시·나주시·강진군·해남군·영암군·무안군·함평군·영광군·장성군·완도군·진도군·신안군·장흥군	우) 58431 전남 영암군 도포면 입비동길1	T) 061-470-5320~4 F) 061-471-2182
순천국유림관리소	전남 광양시·순천시·여수시·담양군·곡성군·구례군·고흥군·보성군·화순군	우) 58026 전남 순천시 교량동 순천만길 180	T) 061-740-9320~2 F) 061-740-9329
함양국유림관리소	경남 진주시·통영시·사천시·거제시·의령군·고성군·남해군·하동군·산청군·함양군·거창군·합천군	우) 50044 경남 함양군 함양읍 함양로 1072	T) 055-960-2520~3 F) 055-960-2560
제주특별자치도 (산림휴양과)	제주시, 서귀포시	우) 63122 제주특별자치도 제주시 문연로 6	T) 064-710-6456 F) 064-710-6769
국립수목원 (광릉숲보전센터)	광릉숲 완충구역 (포천, 남양주)	우) 11186 경기도 포천시 소흘읍 광릉수목원로 509	T) 031-540-1025 F) 031-540-8880

■ 국유림의 경영 및 관리에 관한 법률 시행규칙 [별지 제5호서식]

[√] 매도 [ ] 교환 승낙서

※ [ ]에는 해당되는 곳에 √표를 합니다.

소재지	지번	지목	면적(㎡)	승낙면적(㎡)	비 고

1. 매도 승낙

본인 소유인 상기 토지(지상 입목·죽과 시설물 포함)를 감정평가업자의 평가액을 산술평균한 가격으로 매도할 것을 승낙함.

2. 교환승낙

가. 위의 토지(지상 입목·죽과 시설물 포함)를 귀청 소관 별지 목록 토지와 서로 교환할 것을 승낙함.

나. 교환은 감정평가업자의 평가액을 산술 평균한 금액으로 서로 교환하되, 다른 한쪽의 가격이 3/4 미만('국유림의 경영 및 관리에 관한 법률' 제20조 제1항제2호, 제2호의 2, 제2호의 3 및 제3호의 경우에는 다른 한쪽의 가격이 1/2 미만)일 때는 교환하지 아니하며, 그 가격이 서로 같지 아니할 때에는 그 차액을 금액으로 환산해 충당하도록 함.

년　　월　　일

승낙자 성명　　　　　　　　　　(서명 또는 인)

생년월일

주소

귀하

210mm×297mm(백상지 80g/㎡)

경·공매로 매수하는 방법

1 매수하는 산림

산림경영 임지 중에 국유림 집단화 권역에 있는 산림으로서 다음의 기준에 적합한 경우인지 확인한다(임업정보 다드림 : https : //gis.kofpi.or.kr/).

○ 기존 국유림으로부터 1km 이내의 경우 1ha 이상만 매수

○ 기존 국유림으로부터 1.5km 이내의 경우 2ha 이상만 매수

○ 기존 국유림으로부터 2km 이내의 경우 3ha 이상만 매수

○ 기존 국유림으로부터 2km 이상의 경우 5ha 이상만 매수

매수 가능 지역 지형

○ 평균 경사도가 30° 이하인 임야

○ 암석지 또는 석력지가 5% 이하인 임야

② 매수하지 않는 산림

최근 1년 이내에 소유권이전 등 변동이 있는 산림(단, 상속이나 증여에 따라 소유권이 변경된 경우 예외)은 1년 뒤에 매도 신청을 하면 된다. 토지이용계획확인원(토지이음 : http://www.eum.go.kr/)에서 공시지가를 확인한다.

그리고 국유림관리소의 단가표를 찾아 낙찰받을 물건 지역의 '기준단가'를 확인해 공시지가가 기준단가 이하여야 한다. 공시지가가 기준단가를 초과하면 매수 신청이 불가하다.

경·공매 물건(태인경매, 온비드)에서 임야를 검색해서 공시지가가 일단 1,000원/m^2 이하 물건을 찾는다(서울, 수원, 충주, 제주, 정읍 등은 단가가 보통 1,000원이 넘는다).

감정가격도 참고한다. 28개의 국유림 사무소가 있다. '디스코(https://www.disco.re)'에서 국유지가 있는지 확인하고, 거리 기준 면적 및 실거래가도 확인한다.

경·공매 시장에서 임야는 다른 부동산에 비해 경쟁률이나 낙찰률이 낮아 시세보다 저렴하게 매수할 수 있는 장점이 있는데, 여기에 임야의 지분, 그것도 자연환경보전지역의 임야는 백두대간, 국립공원 및 공원 자연환경 지구에 접해 있어 활용 가치가 없어 보여 누구나 관심을 많이 보이지 않는다. 그럼에도 이렇게 쓸모없어 보이는 임야를 투자 가치를 높이는 방법이 바로 지금껏 소개한 산림청임야 투자법인 것이다.

자연환경보전지역이나 공원 자연환경 지구의 토지는 더욱 인기가 없다. 자연환경보전지역이란, 자연환경·수자원·해안·생태계·상수원 및 문화재 보전과 수산자원의 보호·육성 등을 위해 '국토의 계획 및 이용에 관한 법률'에 따라 도시·군 관리 계획으로 결정 고시된 지역을 말한다.

또한, 공원 자연환경 지구는 공원 자연보존지구의 완충 공간으로 보전하기 위해 자연공원법에 따라 공원계획으로 결정 고시된 지구다. 무분별한 개발로 인해 자연환경이 파괴되는 것을 막기 위해 법으로 보호하는 지역인 만큼 개발행위가 엄격하게 제한된다. 그래서 이 지역 내 토지를 보유하고 있는 사람들은 쓸모없는 임야라 생각하고 관심을 가지지 않는다.

조금이나마 관심이 있는 투자자를 위해 알리고 싶은 제도가 있다. 그것이 산림청의 사유림 매수 제도다. 산림청이 매수하고자 하는 토지는 국가적·환경적으로는 가치가 높으나, 제약이 많아서 몇십 년이 되어도 가격 상승은 어렵다.

소유자는 법적인 소유권을 갖고 있어도 아무런 활용도 하지 못한 채 세금만 납부한다. 또한, 이런 임야의 대부분이 맹지이며 급경사에 위치한다. 앞으로도 자산 가치 상승은 기대하기 어렵다. 이런 토지를 선대로부터 상속 또는 증여받았고 활용이나 처분을 하지 못하고 있다면, 산림청에 문의해 사유림 매수 제도를 적극적으로 활용하는 것을 추천한다.

법령 규제 등으로 개발행위 및 매매가 제한되어 수익자산으로서의 가치가 없다고 판단한 임야를 매각해 현금화할 수 있다. 경·공매 시장에서 인기가 없는 임야를 저렴한 가격에 매입해서 감정 가격에 산림청에 매도해 시세차익을 얻을 수 있다. 미리 국유림관리소에 전화 문의를 해서 매수가 확실한 물건인지 확인한 후, 경·공매에 응찰해야 한다.

 낙찰받은 후 최근 1년 이내에 소유권 변동이 없어야 산림청의 매수 대상이 될 수 있으므로 매수 후 1년 이상 보유하면서 공유물분할 소송을 통해 현금분할을 한 후 임야가 소재하는 관할 국유림 관리소에 매도 청구를 하면 된다.

10년 동안 연금 받기
(산지 연금형 사유림 매수)

　산림청은 산지 연금형 사유림 매수 제도를 통해 각종 규제에 묶여 있는 산림을 매수하고 있다. 각종 규제에 묶여 벌채 및 개발행위에 제한을 받는 산림과 도시지역에 도시숲 등으로 활용될 수 있는 산림을 국가에서 매수하는 제도다.

🏠	행정정보 ∨	알림정보 ∨	사유림을 삽니다 ∨

사유림을 삽니다
🔵 **관련문의 ┃ 국유림경영과**

단어검색	☑제목 　□내용 　□담당부서 　□작성자	
카테고리	선택 　　　　　　　　　　　　∨	
작 성 일	예)20190501 📅 ~	
	예)20190521 📅	

* 날짜등록이 안될경우 직접 입력하여 주세요.

🔍검색

출처 : 산림청

산지 연금형 사유림 매수 제도는 매매대금에서(2인의 감정평가사) 40%를 선지급 받고 나머지 금액을 10년간(120개월) 매월 받는 방법이다. 2%의 이자액과 2.85%의 지가상승보상액도 추가 지급한다. 개발되기 어려운 임야를 가지고 있는 소유자가 수익할 수 없는 임야로 인해 계속 보유세만 납부하고 있는 경우가 많다.

지방에 있는 임야를 넓은 면적으로 가지고 계신 분들이 유리할 것으로 보이는데 경·공매를 통해서 임야를 획득해 투자에 임하면 된다.

도로가 없어도 되지만, 도로가 있다면 매도 선정 확률이 더 높아진다. 산림청 소유의 임야와 붙어 있는 땅이라면 면적 제한 없이 매도도 가능하다. 경매로 임야를 매수하는 경우 경매에서는 감정가격이 정해진다. 산림청에서 말하는 매매금액은 감정평가업자 2인의 감정평가액이 된다. 즉, 경매의 감정가격과 비슷하게 책정이 될 것이다.

감정가격보다 낮게 낙찰받는다면 임야를 감정평가해서 그 감정가격으로 매도하게 되므로 수익을 창출할 수가 있다. 조건에 맞는 산지를 잘 선택해서 낙찰을 받는다면 새로운 수입원이 될 수 있다. 입찰 전에 산림청 지역 담당자와의 확인은 필수다. 담당자와 통화 후 임야의 주소지를 불러주면 담당자가 바로 확인해준다.

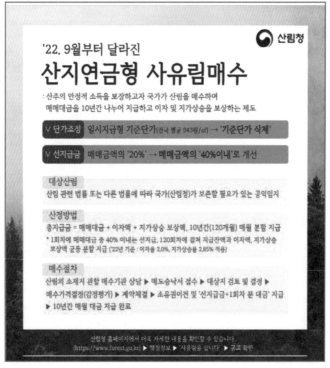

출처 : 산림청

■ 산지 연금형 사유림 매수 제도란?
- 사유림 매수 사업의 일환인 산지 연금형 사유림 매수 제도는 2021년에 처음 도입한 사업으로 기존의 사유림 매매대금을 일시 지급하는 제도와 달리, 매매대금을 10년(120개월)간 매월 연금처럼 나눠 지급하는 제도다.

■ 참여 방법
- 산림이 소재하고 있는 행정구역을 관할하는 국유림관리소에 상담을 받은 후 매도 승낙서를 제출하면 된다.

■ 매수 절차
- 매도 승낙서를 제출하면, 국유림관리소에서 서류 검토 및 현지 확인을 한다.
- 매수가 가능할 경우, 2개 이상의 감정평가 업체를 통해 평가를 실시한 후 평균 감정가격으로 매수가격을 결정하고 최종적으로 매매계약을 체결하게 된다.

■ 참고사항
- 전국 27개 국유림관리소가 있으며, 관할구역 및 관리소 정보 및 관심이 있는 산주는 산림청 누리집(www.forest.go.kr) → 행정정보 → 알림 정보 → 공고에 게시된 관련 공고문을 참조하면 된다.

매수 절차는 산주가 매도 승낙서를 제출하면, 국유림관리소에서 서류 검토 및 현지 확인을 하고, 매수가 가능할 경우, 2개 이상의 감정평가 업체를 통해 평가를 실시한 후 평균 감정가격으로 매수가격을 결정하고, 최종적으로 매매계약을 체결하게 된다.

산지 연금형 사유림 매수 사업에 대한 더 자세한 정보를 얻고 싶으면 어떻게 해야 할까?

산림청 누리집의 '공고' 창에서 1월에 공고한 '사유림 매수계획'을 찾아보면 자세한 정보를 얻을 수 있다.

 산림청에서 시행하고 있는 '산지 연금형 사유림 매수 사업'이 정확히 어떤 제도인가?

산림청에서는 1996년부터 산림의 공익 기능 증진, 산림생태계 보전, 목재 공급 조절 기능 등을 위해 국가에서 사유림을 매수하는 사업을 추진하고 있다. 사유림 매수 사업의 일환인 산지 연금형 사유림 매수 제도는 작년(2021년)에 처음 도입한 사업으로 기존의 사유림 매매대금을 일시에 지급하는 제도와 달리, 매매대금을 10년(120개월) 동안 매월 연금처럼 나누어 지급하는 제도다. 이를 통해 매도인에게는 10년간 매월 안정적인 소득을 제공하고, 국가는 계약 시점에 매매대금의 일부에 해당하는 적은 예산으로 국유림을 확대할 수 있다는 장점이 있다.

 사유림 매매대금을 한꺼번에 받지 않고 10년간 나눠 받으면 매도하는 산주로서는 손해 아닌가?

매매대금을 나누어 지급만 하면 매도인에게 손해일 수도 있다. 은행에 넣어놓으면 이자라도 발생할 테니 말이다. 그래서 미지급한 금액에 대해 2%의 이자액과 2.85%의 지가 상승 보상액을 추가로 지급해준다. 가령, 매매대금이 1억 원일 경우, 우선 초기 목돈으로 매매대금의 40%에 해당하는 4,000만 원까지 우선 지급하고, 나머지 잔액 6,000만 원에 대해 10년간 이자액과 지가 상승 보장액으로 약 1,600만 원을 추가로 지급한다. 따라서, 매매대금이 1억 원이라면, 매도인에게 지급되는 총금액은 1억 1,600만 원이 된다.

Q4 1억 원에 매매하면 이자액과 지가 상승 보장액으로 산정된 1,600만 원을 더해서 총 1억 1,600만 원을 받게 된다. 그렇다면, 매월 받게 되는 금액은 얼마 정도인가?

매매대금이 1억 원일 경우 계약 첫 달에는 선지급금 4,000만 원을 포함 4,063만 원을 지급받고, 이후 10년간 매월 평균 약 63만 원을 받게 된다. 매매대금이 5억 원이라면 매월 약 320만 원, 10억 원이라면 630만 원을 매월 받게 된다.

매월 일정한 금액의 소득이 있다면 생활자금으로 유용하게 활용할 수 있을 것이다. 산을 가지고 있으나 일정 소득이 거의 없는 분들에게는 유용하게 활용될 것이라고 생각한다.

Q5 부동산을 거래하게 되면 양도소득세를 내야 한다. 산주 입장에서 매매금액을 분할해서 지급받게 되면, 계약 초기에 목돈으로 지불해야 하는 양도소득세 부담을 어떻게 해소할 수 있을까?

분할 지급 기간은 10년에 걸쳐 120개월간 매월 지급되는데, 매매계약 후 소유권을 이전하게 되면 계약 시점에서 양도소득세를 내야 한다. 이에 대한 산주의 경제 여건을 고려해서, 지급 첫 달인 1회 차에 매매대금의 40% 이내의 금액을 선지급받을 수 있어 이 금액으로 양도소득세를 해소할 수 있다.

Q6 산지 연금형 사유림 매수 사업으로 매수하는 산림의 조건이 따로 있나?

산지 연금형 사유림 매수 대상지는 공익기능이 높은 산림을 우선적으로 매수하고 있다. 도시숲·생활숲, 휴양림, 수목원 등 국가가 산림사업 목적상 필요한 산림이거나, 백두대간보호구역, 수원함양보호구역 등 산림으로 보존하고자 하는 산림 등을 매수 대상지로 정하고 있다.

Q7 매수할 수 없는 산림도 있나?

매도하고자 하는 산림에 저당권이나 지상권 등의 사권이 설정되어 있거나, 5인 이상의 다수의 사람이 공동 소유한 산지 또는 소송 절차가 진행 중인 산림 등은 매수하지 않고 있다.

Q8 2023년에는 산림을 어느 정도 매수하나?

2023년 산지 연금형 사유림 매수 예산은 40억 원이다. 이를 일시지급 매매대금으로 환산하면, 143억 원 규모의 산지를 매수하고 있다.

* 매수 예산 : 40억 원
* 매매대금 기준 : 143억 원 규모
* 매수물량 : 1,422ha

Q9 올해는 작년과 달리 제도 개선을 통해 매수 대상 참여 폭을 넓혔다고 하던데 어떤 내용인가?

2021년 9월 20일부터 관련 제도를 대폭 개선했다. 우선 계약체결 시 선지급되는 금액 비율을 제도 개선 전에는 20%로 한정해 적은 금액을 지급했는데, 개선 이후 40%까지 확대해 초기 목돈을 마련할 수 있도록 했으며, 지역별 매수 기준 단가를 적용해 기준 단가 이상의 산지는 매수하지 않던 제도를 개선해 매수 단가에 관계 없이 매수 대상을 선정하고 있다. 또한, 소유권이 단독인 산지만 매수하던 사항을 제도 개선 후 4인 이내의 공동소유 산지까지는 매수하도록 매수 대상을 확대했다.

Q10 산지 연금형 사유림 매수 제도에 참여하고자 할 경우, 어떻게 해야 할까? 또, 어떤 절차로 진행되는지 진행되는가?

산림이 소재하고 있는 행정구역을 관할하는 국유림관리소에 상담을 받은 후 매도 승낙서를 제출하면 된다. 전국에 27개 국유림관리소가 있는데, 관할구역 및 관리소 정보는 산림청 누리집(홈페이지) 공고창에서 확인할 수 있다(국유림관리소 이미지를 참조하자).

지분경매 +
분묘기지권

01

분묘기지권이
염려되나요?

실전반(매주 수요일 6개월 과정) 제자가 저자에게 보낸 메일을 통해 '지분경매+분묘기지권' 물건의 해결 프로세스를 살펴보려고 한다.

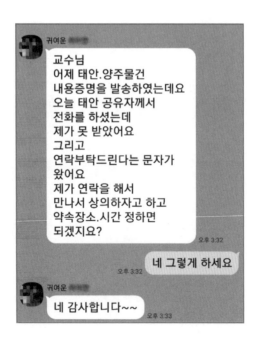

교수님
어제 태안.양주물건
내용증명을 발송하였는데요
오늘 태안 공유자께서
전화를 하셨는데
제가 못 받았어요
그리고
연락부탁드린다는 문자가
왔어요
제가 연락을 해서
만나서 상의하자고 하고
약속장소.시간 정하면
되겠지요?
오후 3:32

네 그렇게 하세요
오후 3:32

귀여운
네 감사합니다~~
오후 3:33

먼저, 물건이 발견되면 등기부등본상 몇 명의 타 공유자가 있고, 가족으로 구성이 되어 있는지 확인하는 것이 물건을 선택하는 가장 중요한 요소다.

분묘가 있는 주소지를 직접 임장해 비석 등을 통해 등기부등본상의 이름이 비석에 이름이 적혀 있는지 꼭 살펴봐야 한다. 앞으로 타 공유자들의 분묘 수호 의지를 알 수가 있는 중요한 부분이다. 그다음 등기부등본상의 주소지 등기부등본을 발급받아 타 공유자의 재산 상태 등을 체크해 입찰 여부를 결정하는 것도 중요한 사항이다.

지분경매 물건을 검색하다 분묘가 나온 물건이 검색되면 패스하고, 이 물건은 분묘기지권이 있어 골치 아픈 물건이니 위험한 물건이라고 생각해서 입찰하지 않는데, 어차피 지분물건에서 우리는 분묘를 매수하는 것이 아니라 분묘가 있는 토지의 지분만을 매수하는 것이어서 여기서 분묘기지권 문제는 생각하지 않아도 된다. 분묘가 있는 지분 토지에 대해서 분할 청구하는 것이므로 우리는 '공유물분할 청구의 소'를 통해 지분물건을 해결해나가는 것이다.

다음으로 타 공유자의 주소가 등기부등본에 나오는데, 바로 이 등기부등본도 열람해 대략 타 공유자의 재력을 살펴보는 것도 중요한 요소다. 나의 지분을 매수해줄 수 있는 재력을 가졌는지에 대해 등기부등본을 살펴보면 어느 정도 알 수 있다.

보통 지분경매 물건을 낙찰받고 잔금을 낸 후에 타 공유자에게 내용증명을 보내는 것이 1차 프로세스인데, 연락이 오면 적극적으로 타 공유자를 만나 지분 해소 문제에 대해 논의에 바로 들어가는 것이 좋다. 전화만으로 이야기를 나누는 것보다는 직접 커피숍 등에서 만나 대화를 나누는 것이 훨씬 빨리 해결의 길로 갈 수 있으니 될 수 있으면 대면해서 대화를 나누기를 권한다.

만나면 상대방에게 예를 들어 왜 이 물건이 경매로 나왔는지를 물으며 말문을 여는 것이 좋다. 될 수 있으면 내가 말을 많이 하는 것보다 상대가 말을 많이 하도록 유도해 상대의 정보를 얻고, 나에 대한 정보는 될 수 있으면 말하지 않는 것이 중요하다.

다음 메일의 내용을 자세히 읽어보면 어떤 부분을 체크해야 하는지 알 수가 있는데, 실전반 제자들은 필자의 강의를 통해 해결 프로세스의 A부터 Z까지 실천해 최대 수익률을 달성해나간다. 보통 6개월 과정, 아니 그 이상의 강의를 듣고 지분경매의 파생상품에 대해 마스터해 소송 + 협상을 통해서 남들이 어려워하는 물건을 척척 해결할 수 있는 능력을 키워갈 수 있다.

지분경매+분묘기지권 물건은 반드시 현장에 가서 비석을 확인하고 분묘의 상태 등을 체크해 분묘 수호 의지를 나머지 타 공유자들이 가지고 있는지 반드시 확인해야 한다. 혹시 공유자매수 신고가 들어오지 않나 해서 입찰을 꺼리는 경우가 있는데, 막상 입찰해보면 생각보다 공유자우선매수 신고가 들어오는 경우가 훨씬 적음을 알 수 있다. 너무 염려하지 않아도 되는 부분이다.

존경하는 교수님,

지분경매의 '지' 자도 모르는 저에게 새로운 세계에 눈뜨게 해주셔서 이 지면을 통해 감사드립니다.

지난해 11월에 지분경매의 세계에 발을 들여놓았는데 벌써 6개월이 다 되어갑니다. 아직도 해결 프로세스를 마스터하지 못한 상황에서 강의가 끝나기 전에 한번은 부딪혀보려고 눈알에 힘을 주던 중, 눈에 딱 들어오는 물건이 있어 내일 토지 지분+분묘기지권 현장 임장을 떠나볼까 합니다.

우선 물건은 원주시 소초면에 있고, 2개 필지로 나뉘어 있으나 한곳에 붙어 있어 한 필지로 봐도 무방합니다. 종합하면 지분 토지 면적 122평, 감정가격 1,130만 원, 현재 2회 유찰로 49%인 554만 원이며, 오는 2020년 6월 1일에 입찰 예정입니다.

태인 사이트의 사진이 흐려서 잘 보이지는 않으나, 지도 1을 보면 한가운데 한 분을 모시고, 그 아래에 옆으로 모신 것으로 봐서 종종 분묘라기보다는 가족분묘로 보입니다(그 윗부분 분묘 두기는 별론으로 함).

또한, 분묘 축대를 높이 쌓고 비석 등 배치로 봐서 나름 조상을 섬기려는 숭고한 정신이 배어 있는 후손인 것으로 추정됩니다. 지분공유자는 3형제로 보이는 3명(훈자 항렬)이 각 1/3씩 갖고 있고, 이번 경매에 나온 지분 중 3형제 중 둘째의 지분 1/3이 나온 것입니다.

나머지 지분을 갖고 있는 첫째와 셋째는 현재 원주 명륜동의 아파트에 거주하는 것으로 볼 때, 제가 지분낙찰을 받더라도 재매입할 여력은 있을 것으로 보입니다.

일단 내일 현장 임장을 다녀와서 그 확인 결과를 분석하겠습니다.

첫째는 가족 여부 확인
둘째는 두 형제의 재력 확인
셋째는 현 49%로 유찰된 입찰가격 확정

[방안 ①] 60%(최소한의 경비로 입찰)
약 200만 원(공과금 공제)의 수익으로 첫 번째 작품이라는 경험에 방점을 두는 방안

[방안 ②] 100%(안정적인 낙찰로 공격적인 수익)
공유자와 다툼, 그리고 시간이 걸리더라도 공유물분할청구의 소까지 경험해보는 방안

끝으로 본건 토지의 소유권 이전 등기원인을 보면 2005년 강제경매, 2007년 매매를 원인으로 소유권(3,300만 원)을 취득한 것으로 봐서, 본건 강제경매 청구액 650만 원 밑으로 하락할 때를 기다렸다가 공유자 우선매수권을 활용할 것으로 보여져 조금은 우려가 됩니다.

아직까지 해결 프로세스가 완벽하지 못한 상태입니다.
교수님의 따끔한 조언을 부탁드립니다.

감사합니다.

또 다른 '지분경매 + 분묘기지권' 물건에 대한 실전반(매주 수요일 6개월 과정) 제자의 해결 프로세스 사례를 살펴보면서 어떤 수순으로 풀어가는지 설명하겠다.

다음의 사진의 경우, 비석이 보이는데 임장을 통해서 등기부등본상의 성명과 입찰 물건에서의 타 공유자들의 이름이 비석에도 있는지 여부가 입찰을 고려하는 중요한 체크 포인트다.

메일의 글을 보면 협상이 되지 않아 공유물분할 소송에 들어갔고, 여기에 피고 측의 답변서 이후 원고가 준비서면을 만들면서 필자에게 도움을 구했다.

안녕하세요. 교수님.

요즘 종종 메일을 보내고 검토 부탁을 드리게 되네요. 몇 번 소장, 준비서면을 작성해보니 실력이 늘어나고 있다는 것이 느껴지네요. 지난 수요일 지분경매 수업에서 설명을 듣고 깨달음도 있었습니다.

○○지원 공유물분할 소송의 원고 준비서면을 작성해보았습니다. 갑 제4호증의 녹취록은 일단 녹음파일로 첨부했으며, 교수님 검토 후 녹취업체에 의뢰하도록 하겠습니다.

토요일 카톡으로 보내드렸던 (참고) 피고는 위와 같이 말한 적이 있고 집에서 분묘까지 거리가 멀어서 분묘를 이장할 생각도 있어서 분묘에 대한 애증은 덜해 보이며 낙찰가도 비싸서 원고의 지분을 매수할 생각이 없다고 하면서 **분묘가 있는 토지 부분을 원하고 있습니다**.

항상 도움 주셔서 감사드립니다.

이후 원고 준비서면 제출 후 변론기일이 잡혀 재판을 다녀온 후 보내온 내용에 대한 메일의 글이다.

교수님, 어제 ○○지원 공유물분할 변론기일 보고 및 문의드립니다.

간단히 요점만 보고드리고 문의드리겠습니다. 피고는 계속해서 분묘가 있는 토지 부분을 피고가 소유하기를 주장하고 있고 분묘가 있는 토지 부분에 진입로가 접해 있음에도 불구하고 분묘가 없는 토지 부분에도 진입할 수 있다고 주장하고 있습니다.

판사는 원고 지분의 ○○으로 인해 ○○분할이 어려울 수도 있다고 피고에게 말하면서 판사는 피고에게 분묘가 없는 토지 부분에 어떻게 진입이 가능한지를 다음 변론기일 전까지 준비서면으로 제출하라고 했습니다. 원고는 다음과 같은 주장을 해서 분묘가 있는 토지 부분을 원고가 소유하도록 주장했습니다.

분묘가 있는 토지 부분 : 진입로가 있고 완경사이고 나무가 덜 있어서 활용 가치가 있다.

분묘가 없는 토지 부분 : 진입로가 없고 급경사이고 나무가 많은 야산이므로 활용 가치가 없다.

그랬더니 원고에게는 대금분할에 대한 원고 주장의 근거를 다음 변론기일 전까지 준비서면으로 제출하라고 했습니다. 이렇게 말하는 것으로 봐서 판사는 원고의 준비서면 내용을 형식적 경매에 따른 대금분할을 주장하는 것으로 이해하고 있는 것 같습니다. 변론기일은 ○○월 ○○일 오후 3시 10분으로 잡혔습니다.

문의) 변론기일 5일 전까지 피고가 준비서면을 제출하면 내용을 보고 원고 준비서면을 제출하면 되나요?

문의) 판사는 원고에게 대금분할에 대한 원고 주장의 근거를 제출하라고 하는데, 이번 준비서면에 있는 근거 내용을 그대로 넣고 보충 조금 할 정도의 내용일 것 같은데 이렇게 준비서면을 준비해두면 될까요?

원고는 현물분할보다는 형식적 경매에 의한 대금분할을 원하는데, 이 같은 부분 또한 판례를 통해서 근거를 주장할 수가 있다. 바로 이 같은 부분이 '지분경매 + 분묘기지권'을 풀어가는 아주 중요한 부분이다.

묘지가 있는 부분은 피고의 소유 묘지가 없는 부분이 원고의 소유가 되어도 이 묘지가 없는 부분에서 도로도 없고 쓸모없는 땅을 분할받는다면, 이것은 투자 실패로 결말이 나는 것이므로 이 같은 상황을 피하기 위해 깊은 연구가 필요하며, 이런 부분을 해결하기 위해 실전반에서 연구하고 스터디하는 것이다.

다음 원고의 준비서면을 잘 살펴보면 대금분할을 원하는 데 필요한 판례를 인용했는데 지분경매+분묘기지권 물건에서 중요한 판례다.

@ 공유물을 대금분할하기 위한 요건인 '현물분할로 인해 현저히 가격이 감손된다'라고 함의 의미와 형식적으로는 현물분할이 가능하다 하더라도 대금분할의 방법으로 공유물분할을 하여야 할 경우(대법원 1993. 1. 19 선고 92다30603 판결)

@ 비록 형식적으로는 현물분할이 가능하다고 하더라도 공유물의 위치, 면적과 주변도로 상황, 사용가치, 가격, 공유자의 소유 지분 비율 및 사용수익의 현황 등을 종합해볼 때 각 공유자의 소유 지분 비율에 따른 공평한 분할이 이루어질 수 없는 경우에는 현물분할 방법에 의한 것이 아니라 대금분할의 방법으로 공유물을 분할해야 한다고 판시한 내용이다.

앞의 원고의 준비서면에 대한 피고의 준비서면이다. 원고의 준비서면에 대해 피고는 묘지 부분을 분할받기 위해 분할 측량 신청을 허락해 줄 것을 재판부에 신청하는 내용이다.

준 비 서 면

사　건　202* 가단1**** 공유물분할
원　고　주식회사***
피　고　김**

위 사건에 관해 원고는 다음과 같이 변론을 준비합니다.

다　음

1. 원고 지분에 대한 ○○으로 인한 대금분할에 대해

대법원 1993. 1. 19 선고 92다30603 판결

[판시사항] 가. 공유물을 대금분할하기 위한 요건인 '현물분할로 인하여 현저히 가격이 감손된다'라고 함의 의미와 형식적으로는 현물분할이 가능하다 하더라도 대금분할의 방법으로 공유물분할을 하여야 할 경우

재판에 의한 공유물분할은 현물분할의 방법에 의함이 원칙이나 현물분할이 불가능하거나 그것이 형식상 가능하다고 하더라도 그로 인하여 현저히 가격이 감손될 염려가 있을 때에는 공유물의 경매를 명하여 대금을 분할하는 이른바 대금분할의 방법에 의하여야 할 것인바, 여기서 '현물분할로 인하여 현저히 가격이 감손된다'라고 함은 공유물 전체의 교환가치가 현물분할로 인하여 현저하게 감손될 경우뿐만 아니라 공유자들에게 공정한 분할이 이루어지지 아니하여 그중의 한 사람이라도 현물분할에 의하여 단독으로 소유하게 될 부분의 가액이 공유물분할 전의 소유 지분가액보다 현저하게 감손될 경우도 이에 포함된다고 할 것이므로, 비록 형식적으로는 현물분할이 가능하다고 하더라도 공유물의 위치, 면적과 주변도로 상황, 사용가치, 가격, 공유자

의 소유 지분비율 및 사용수익의 현황 등을 종합하여 볼 때 각 공유자의 소유 지분비율에 따른 공평한 분할이 이루어질 수 없는 경우에는 현물분할방법에 의할 것이 아니라 대금분할의 방법으로 공유물을 분할하여야 한다고 대법원 1993. 1. 19 선고 92다30603 판결에서 판시하고 있습니다.

2. 결론

존경하는 재판장님.

위 판례에서 현물분할의 어려움을 고려해주시고 202*. 0*. 04.자 원고 준비서면에서의 '2. 이 사건 토지의 활용가치에 대해'와 '3. 피고 주장의 불공평성'도 함께 고려해주시길 바랍니다.

또한 이 사건의 여러 상황도 잘 고려하시어 판사님의 현명하고 공정한 판결을 내려주시길 바랍니다.

202*. *. 22.

위 원고   주식회사

○○지방법원 ○○지원 귀중

앞의 원고의 준비서면에 대한 피고의 준비서면이다. 원고의 준비서
면에 대해 피고는 묘지 부분을 분할받기 위해 분할 측량 신청을 허락해
줄 것을 재판부에 신청하는 내용이다.

위 사건에 대하여 피고는 다음과 같이 변론합니다.

1. 원고의 주장 요지 반박

공유물건의 활용가치에 대해 주장하고 있습니다.

원고가 주장하는 땅의 가치는 금전적으로만 접근하고 있습니다.

나 지역 가치는 사실과는 다릅니다.

나 지역 밤나무가 식제 된 일부지역 약 100평만 평지이며 나머지는 뚝 방과 개울로 구성 되어

있습니다.

분묘가 있고 토지 모양이 극 경사이고 분할 문제가 대두될 것을 알면서 입찰에 응한 것은 또

다른 의도가 있다고 추측되므로 피고는 원고가 경매물건이 나왔을 때 유찰없이 구입한 점에서

의구심이 듭니다.

2. 피고의 반론

피고의 가족 중 한 사람이 도박에 의한 사채 사용으로 분할 되었지만 조상님이 모셔져 있는 입

구 마을은 모두 먼 일가 친척이고 해 마다 벌초와 시제사도 모시고 있습니다. 땅에 잠드신 조

상님의 고향이고 평생을 일군 터에서 잠들 수 있도록 간곡한 마음으로 산소 면적만큼은 지킬

수 있도록 다음과 같이 요청 드리는 바입니다.

공유물건의 총 면적은 23,000㎡ 중 ½지분 11,725㎡ 중에서

증조 분묘 면적 330㎡

할아버지, 할머니, 부모님, 오빠 분묘 면적 495㎡

진입도로 909㎡

총 1,734㎡(524평)

만 분할 해주시면 피고가 분할 측정하겠습니다.

2305

그 이후 재판부를 통해서 '한국국토정보공사'에 지적측량을 의뢰했으나 지적공부사항에 오류가 있어 등록사항 정정을 통해 재신청해야 한다는 사항으로 회신되어 지적측량이 진행되지 않고 재판이 지지부진해지고 있다.

자랑스러운 **한국**, 스마트한 **국토**, 가치있는 **정보**, 국민의 **공사**

한국국토정보공사

수신　　　지방법원　　　지원(민사1단독)

(경유)

제목　지적공부 등록사항정정 대상 토지알림 및 지적측량 취소 알림

1. 한국국토정보공사를 이용하여 주셔서 감사드립니다.

2. 우리공사에 의뢰하신　　　　　　　　　　　2 번지(20 가단1   공유물분할) 지적측량(임야현황 제31호)은 지적공부 등록사항(경계 · 면적)에 오류가 발견되어 지적업무처리규정 제20조 제8항에 의거 등록사항정정 대상토지로　　군(시민봉사과)에 통보하였으니, 등록사항정정이 조속히 처리될 수 있도록 협조하여 주시기 바랍니다.

3. 아울러 등록사항정정 대상토지로 인하여 신청하신 지적측량은 등록사항 정정 완료후 재신청 하여 주시기 바랍니다.　끝.

한국국토정보공사

『스마트 사회를 선도하는 국토정보

★수석팀장　　　　　지사장

협조자

시행　　너사-1597　(20　　　) 접수　　　　　　　　　(　　)

우 3　　　　　　　　　　　　　　　/ http://lx.or.kr

전화 041-　/전송 041　　/ jaejib　　　　/ 공개

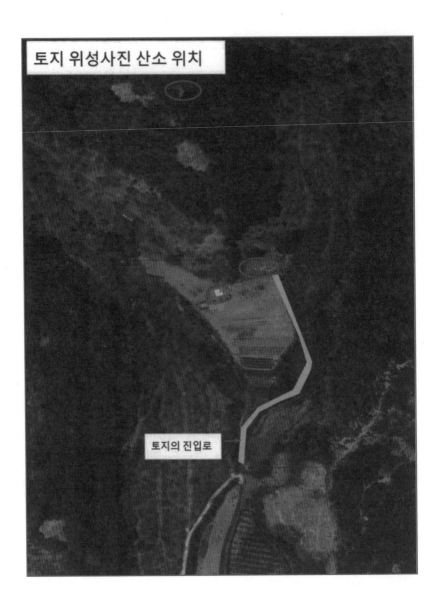

토지 위성사진 산소 위치

토지의 진입로

재판부 변론기일에 원고인 실전반 제자의 재판을 다녀온 후의 판사, 원고, 피고의 대화 내용을 기억을 되살려 글로 써서 필자에게 보내 재판 사항에 대해 알려준 내용을 보면, 피고는 측량 불가로 다음과 같이 '측량 취소건'이라는 서류를 제출했다.

측량   취소건

20 가단 1

원고 : 지

피고 : 려

측량 불가로   측량을 취소 합니다

이후 원고는 재판부에 대금분할에 의한 청구취지 변경 신청서를 제출하고, 12월 1일 선고를 명받고 변론을 종결하게 되었다.

공유물분할 판결의 종말이 12월 1일로 다가왔습니다.

타 공유자가 저의 지분을 매수해주었으면 좋았을 텐데 좀 운이 안 따른 케이스인 것 같습니다. 청구취지 변경한 대로 대금분할 판결이 날 가능성이 커 보입니다.

11월 3일 논산지원 공유물분할 변론기일 보고 및 문의드립니다. 피고는 이번에도 피고 당사자가 직접 참석했습니다.

*** 변론 내용 ***

판사 : 9월 21일에 측량 취소 알림이 있었고 10월 18일자 원고 청구취지 변경을 신청했고 10월 26일자 피고 기일변경을 신청했네요.

피고 : (대뜸) 질문 있습니다.

판사 : 재판은 질문에 답해주고 할 수 있지는 않습니다.

피고 : (그래도 질문했고, 원고의 청구취지변경 신청서를 보고, 기분 나쁜 말투로) 소송비용은 왜 피고가 부담해야 하나요?

판사 : 원고가 그렇게 썼어도 최종 판결은 제가 하는 것입니다.

피고 : (따지는 듯한 말투로) 원래 저희의 토지였고 원고가 경매로 지분의 일부를 낙찰 받아서 저한테 소송까지 했는데 왜 소송비용을 제가 부담해야 하는지 부당합니다.

판사 : 그랬다고 법은 피고의 생각대로 되는 것은 아닙니다. 그리고 최종 판결은 판사가 하는 것입니다.

피고 : (따지는 듯한 말투로) 경매 비용과 제세금을 공제한다고 하는데 이것도 부당합니다.

판사 : 법적으로 현물분할이 어려울 것 같습니다. 최종 판결을 12월 1일에 내어야 할 것 같은데 괜찮은가요?

피고 : (아무 말이 없음.)

원고 : 네.

판사 : 판결선고는 12월 1일 오전 10시입니다. 원고, 피고 참석할 필요는 없고 판결문은 우편으로 보내질 것입니다.

피고 : (아무 말이 없음.)

원고 : 네, 알겠습니다.

(판결이 끝난 후 밖에서 피고가 원고에게 다가오더니)

피고 : 소송비용을 왜 제가 부담해야 한다고 한 것인가요?

원고 : 그것은 형식적으로 쓰는 것입니다. 인터넷을 찾아보세요(빨리 자리를 피함).

피고 : (불만의 소리로 뭐라고 뭐라고 계속 말함.)

결국 12월 1일자로 임야는 경매에 부쳐 그 대금에서 경매 비용을 공제한 나머지 금액을 원고 및 피고에게 각 1/2의 비율로 분배한다는 대금분할 판결이 나왔다.

1. 인정사실

가. 이 사건 변론종결일 현재 원고 및 피고는

임야 23,504㎡(이하 '이 사건 부동산'이라 한다)를 각 1/2 지분씩 공유하고 있다.

나. 이 사건 변론종결까지 원고와 피고 사이에 이 사건 부동산의 분할방법에 관하여 협의가 이루어지지 아니하였고, 이 사건 부동산의 이용에 관하여 별도의 약정이나 이를 분할하지 않는다는 특약이 이루어진 사실도 없다.

【인정근거】 다툼 없는 사실, 갑 제1 내지 5호증의 각 기재, 변론 전체의 취지

2. 판 단

가. 공유물분할청구권의 발생

위 인정사실에 의하면, 이 사건 부동산의 공유자인 원고는 다른 공유자인 피고를 상대로 이 사건 부동산의 분할을 청구할 수 있다.

나. 공유물분할의 방법

1) 재판에 의하여 공유물을 분할하는 경우에 현물로 분할할 수 없거나 현물로 분할하게 되면 그 가액이 현저히 감손될 염려가 있는 때에는 물건의 경매를 명하여 대금분할을 할 수 있는 것이고, 여기에서 '현물로 분할할 수 없다'는 요건은 이를 물리적으로 엄격하게 해석할 것은 아니고, 공유물의 성질, 위치나 면적, 이용상황, 분할 후의 사용가치 등에 비추어 보아 현물분할을 하는 것이 곤란하거나 부적당한 경우를 포함한다

용가치 등에 비추어 보아 현물분할을 하는 것이 곤란하거나 부적당한 경우를 포함한다 (대법원 2009. 9. 10. 선고 2009다40219, 40226 판결 참조).

2) 갑 제1 내지 5호증, 을 제1 내지 3호증의 각 기재 및 영상에 변론 전체의 취지를 더하여 알 수 있는 다음과 같은 사정, 즉 이 사건 부동산의 위치, 형태, 면적, 이용현황, 인접 토지와의 관계 등에 비추어 각자의 지분가치에 상응하는 현물분할안을 찾기 어려운 점, 가액보상에 관하여 원고와 피고 사이에 의사의 합치가 이루어지 않은 점 등을 고려하면, 이 사건 부동산을 현물분할이나 가액보상의 방법으로 분할하는 것은 곤란하거나 부적당한 경우에 해당하므로, 이 사건 부동산을 경매에 부쳐 그 매각대금에서 경매비용을 공제한 금액을 공유자인 원고와 피고에게 지분비율에 따라 분배하는 것이 타당하다.

02

분묘를 이장하고
형식적 경매로 EXIT

　다음 경매 사건은 분묘가 있는 지분 토지 위의 묘지를 합의해 이장하고, 형식적 경매에서 분묘가 있는 땅이 아닌 온전한 토지로 경매 시장에 내놔서 경매에 의한 배당 이익을 높여 수익률을 상승시킨 투자법에 대한 설명이다.

교수님, ○○에 지분이 나와서 처음에는 지분경매+분묘기지권 개념으로 접근했습니다. 그런데 막상 가보니 2기의 분묘 중 1기만 경매 물건지에 걸쳐 있고(경계측량 필요) 공유자들과 같은 성씨인 ○씨 분묘이긴 한데 공유자들의 이름이 하나도 없었습니다. 그런데 이 임야가 정남향에 도로와 접한 준보전산지에 보전관리지역 물건이고, ○○를 내려다볼 수 있는 전원주택이나 펜션 자리로 너무 좋아 보이는 것입니다.

토목설계사무소와 이야기해본 결과, 경사도 도로 상하수도 시설 등에는 문제가 없고 임목수림? 하여튼 나무가 좀 많아서 지차체가 어찌 볼지 현장 실측해봐야 할 것 같다고 의견을 주시더라고요.

저희는 이 땅을 낙찰받아 전체를 형식적 경매를 했을 때 ○○가 보이는 임야에 사람들이 관심이 많기에 고가로 낙찰될 것으로 예상하고 있습니다. 현재 2번 유찰로 반값이 되니 너무 노출이 많아 2차가 이상을 써야 할 것 같습니다. 전체가 형식 경매가 되면 저희 낙찰가격의 2배는 되지 않을지 판단하고 있는데, 교수님께 조심스레 의견을 구해봅니다.

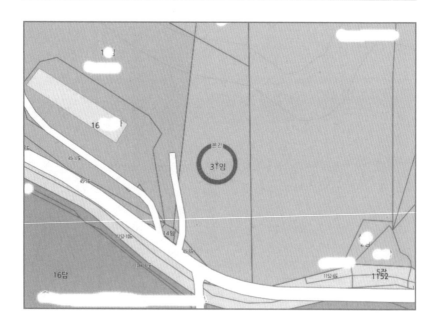

처음부터 앞의 실전반 제자의 글처럼 묘지를 해결하고, 지분물건 전체를 형식적 경매를 통해서 수익률을 높여 매각하려는 전략에 따라 진행 과정을 순서대로 함께 살펴보자(31임 물건).

낙찰받은 후 바로 타 공유자들에게 내용증명을 보내서 5가지 방안에 대해 통보했다. 발신인의 지분을 매수하거나, 타 공유자의 지분을 매수하는 방안 등을 제시하고, 5번째 안이 바로 묘지를 이전하고 형식적 경매에 의해 배당을 받거나 부동산 시장에 매물로 내어놓아 펜션 부지로 매각하는 복안을 가지고 물건에 입찰해 낙찰받은 물건이다.

귀댁의 무궁한 발전을 기원합니다.

안녕하십니까?
20. 월 14일   씨의 배우자   님이 첫 번째 우편물을 받으셨고, 이어   일에   님께서 우편물을 받아 보셨음에도 아직 아무런 연락이 없으셔서 다시 글로나마 저희들의 의견을 밝힙니다.

        이장님을 만나 뵙고 귀 댁의 사정을 약간이나마 이해하게 되었습니다. 현재 이 부동산에 공유자 분들의 조부모님의 분묘가 존재하고, 집안 어르신인 작은아버님과 고모님이 분묘를 관리하시고 모든 결정권이 집안 어르신들께 있다고 들었습니다.
그래서 이 부동산에 대한 여러 가지 저희들의 구상 중 일부의 생각을 바꿔야 한다고 판단하였습니다.

위 부동산의 공유자로서 민법 제 268조에 의한 전체 토지를 경매로 매각하여 대금 분할을 하는 방법을 생각하고 있습니다.
따라서 수신인들께서 위 발신인들이 제시한 내용과 다른 의견이 있으시면 2 년 월 6일까지 회신을 하여주시기 바라며, 만약 회신이 없는 경우에는 수신인들께서 협의에 응할 생각이 없다고 판단하여 민법 제 268조에 의거 공유물의 분할을 청구하는 소(訴)를 제기할 예정입니다.

항상 댁내 가정에 건강과 행운이 함께 하길 기원합니다.

                20 년   월   일

그러나 첫 번째 보낸 내용증명을 받았음에도 묵묵부답으로 아무런 회신이 없어 어쩔 수 없이 공유물분할 소송을 바로 제기하기에 이르게 된 사연을 가진 물건이다.

공유물분할 소장

청 구 취 지

1. 별지 목록 기재의 부동산은 이를 경매에 부치고 그 경락대금에서 경매 비용 및 제세금을 공제한 금액을 8분 해 원고 1에게 8분의 1을, 원고 2에게 8분의 1을, 피고 1, 2, 3들에게 각각 8분의 2의 비율로 배당한다.

2. 소송비용은 피고들의 부담으로 한다.

라는 판결을 구합니다.

청 구 원 인

1. 원고 1, 원고 2는 별지목록 기재의 부동산 지분 (소외 ○○○ 소유) 4분의 1을(원고 1 : 8분의 1, 원고 2 : 8분의 1) 2020년 ○○월 1일 ○○지방법원 경매 11계를 통해 2020타경○○○○○ 부동산 강제경매 절차에서 취득 후 2020년 ○○월 ○○일에 잔대금을 납부 완료하고 공동소유자가 된 진정한 지분 소유자입니다.(갑 제 1호증-등기사항전부증명서, 갑 제 2호증-임야대장)

2. 원고들은 피고들에게 여러 차례에 걸쳐 별지목록 부동산의 공유 지분 해소 문제에 대해 협의할 것을 요청하기 위해 공유자분들의 친인척을 수소문해 만나 보기도 하고, 협의를 위해 만남을 갖고자 공유자분들에게 우편을 통한 의사를 밝혔음에도 불구하고 피고들은 아무런 연락을 하지 않았습니다. (갑 제3호증-내용증명사본, 갑 제4호증-내용증명송달내역서)

3. 원고들은 앞에서 언급한 바와 같이, 이 건 토지에 대해 피고들과 공유물분할에 대해 합의하고자 하오나, 피고들의 수가 많고 합의를 하고자 하는 의지 또한 보이지 않고 있습니다. 또한, 토지 일부분만 도로에 접해 있고 분묘가 일부에 걸쳐 있는 등 여러 가지 여건상 공정한 토지의 분할이 쉽지 않은 것이 현실입니다.

   (갑 제5호증-위성사진 및 현장사진, 갑 제6호증-지적도)

4. 재판에 의한 공유물분할은 현물분할의 방법에 의함이 원칙이나 현물분할이 불가능하거나 그것이 형식상 가능하다고 하더라도 그로 인해 현저히 가격이 감손될 염려가 있을 때에는 공유물의 경매를 명해 대금을 분할하는 이른바 대금분할의 방법에 의하여야 할 것인바, 여기서 '현물분할로 인하여 현저히 가격이 감손된다'라고 함은 공유물 전체의 교환가치가 현물분할로 인하여 현저하게 감손될 경우뿐만 아니라 공유자들에게 공정한 분할이 이루어지지 아니하여 그중의 한 사람이라도 현물분할에 의하여 단독으로 소유하게 될 부분의 가액이 공유물분할 전의 소유 지분가액보다 현저하게 감손될 경우도 이에 포함된다고 할 것이므로, 비록 형식적으로는 현물분할이 가능하다고 하더라도 공유물의 위치, 면적과 주변도로 상황, 사용가치, 가격, 공유자의 소유 지분 비율 및 사용수익의 현황 등을 종합하여 볼 때 각 공유자의 소유 지분 비율에 따른 공평한 분할이 이루어질 수 없는 경우에는 현물분할 방법에 의할 것이 아니라 대금분할의 방법으로 공유물을 분할하여야 한다고 할 것입니다(대법원 1993. 1. 19. 선고 92다30603 판결).

5. 따라서 원고들은 부득이 공유물분할이라는 재판상의 대금분할 청구를 구하기에 이르렀으나 저희 원고들은 존경하옵는 재판장님의 판결에 적극적으로 따를 것이며 원만한 합의를 위해 노력하겠습니다.

무지한 저희 소시민으로서 재판장님의 현명하신 판결을 앙망하옵니다.

소장을 제출하고 상대방이 소장을 받은 후 예상대로 돈이 없어 보이는 공유자들이 연락해서 통화했으나 "소장 받고 너무 스트레스가 된다"라며 "빨리 팔고 싶다"라고 했다. 그러면서도 "분묘는 가족 간 문제가 있어 자신들이 나설 수 없다"라고 말하며, 원고인 실전반 제자들에게 "나머지 자신들의 땅까지 매수해서 분묘 정리하면 어떻겠냐?"라고 제안해오고 있다.

그래서 원고들은 반대로 "원고 지분을 시세보다 저렴하게 공유자들에게 매도하려고 만나자고 한 것이다"라고 했더니 자신들이 매수하는 것은 생각도 하지 않고 있었다고 한다. 아버지로부터 물려받은 마지막 땅이고, 경매로 인해 소유관계가 복잡해지자 팔아서 돈도 벌고 재산정리도 하고자 하는 모습이 역력했다.

그래서 마지막 제안으로 같이 손잡고 전체를 경매로 매도해보자고 제안했다. 일반인이라 경매에 대해 무지하고, 원고들에 대한 신뢰 부족 등으로 심각하게 이야기를 듣기는 했으나 가족 간에 상의하고 답을 주겠다고 했다. 협조하면 소송, 경매 진행, 분묘이전 등의 일 처리는 원고 측에서 하겠다고 했다. 그 이후 화해권고 결정을 받을 만큼 일이 진전되어 최종적으로 대금분할의 화해권고 결정을 받게 되었다.

결 정 사 항

1.   임야 3620㎡를 경매에 부쳐 그 대금에서 경매비용을 공제한 나머지 금액을 원고들에게 각 1/8씩, 피고들에게 각 1/4씩 분배한다.

2. 소송비용은 각자 부담한다.

청구의 표시

청 구 취 지

결정사항 제1항과 같다.

청 구 원 인

별지 청구원인 기재와 같다.

20   . 23.

판사

다음 수순은 분묘 문제를 해결하는 것이다.

분묘 문제를 해결해야 하는 지분물건도 아니고, 묘지도 없는 개발행위를 통해 건축물을 지을 수 있는 토지인 온전한 물건이 되므로 묘지이장과 관련한 계약을 하는 것이었다. 그래서 타 공유자들의 친척 묘지이므로, 이분들과 다음과 같은 묘지 이전 합의 계약서를 작성했다.

합의 계약서

토지주 '○○'(이하 '갑'이라 칭한다)과 분묘주 ○○, ○○ 외 ○○○(이하 '본건 토지'라 칭한다)에 소재한 2기의 분묘와 관련된 가족들 모두(이하 '을'이라 칭한다)는 본건 토지상에 존재하는 분묘의 이장 절차에 관련한 계약을 다음과 같이 작성하면서 상호 신의 성실의 원칙에 의거해 합의계약(이하 '본 계약'이라 한다)을 체결한다.

제1조[목 적]

본 계약은 ○○○ 토지상에 위치한 '○○○님의 분묘 외 1기의 분묘'를 이장하고, 이에 합당한 이장비용을 지급하는 것을 목적으로 한다.

제2조[당사자]

'을' 측의 이해 관계인이 다수인 관계로 본건 토지의 분묘와 관련한 모든 가족을 대표해, 각 분묘의 대표자인 ○○님을 양쪽 집안의 대표로 인정하고 이하 모든 계약을 진행하며, 분묘와 관련한 타 모든 가족들은 위 2명의 대표의 의사결정에 관해 아무런 이의 제기를 하지 않는다.

제3조[계약의 내용]

'갑'과 '을'은 다음 각 항에 해당하는 이행의 의무를 본 계약에 의해 수행한다.

① '갑'과 '을'은 분묘 이전을 위한 합의금 ○○○만 원을 상호 인정하고 수용한다.
② '갑'은 본 계약의 계약금 ○○○만 원을 2020. . . '을'에게 지급한다.
③ '을'은 2020년 2월 28일까지 본건 토지상에 소재하는 분묘 2기를 이장한다.
④ '갑'은 이장의 절차와 동시에 잔금 ○○○만 원을 을에게 지급한다.
⑤ '갑'과 '을' 모두 계약상 절차를 이행하지 않을 경우, 계약금 ○○○만 원의 10배수를 위약의 책임으로 계약 미이행자에게 청구한다.
⑥ 갑과 을은 계약조건이 실행된 이후 일체의 문제 제기를 하지 않는다.

이와 같이 계약한 상태에서 일단 공유물분할에 의한 형식적 경매를 신청했고, 경매가 기일이 잡혀서 묘지가 이전되기까지 경매기일연기 신청서를 경매 신청한 채권자의 입장에서 제출해 묘지가 이전되기까지 기다리는 것이다.

기일연기 신청서

사 건 번 호   20 타경   공유물분할을위한경매   [담당재판부:경매 계]

채 권 자   외 1명

채 무 자   외 2명

소 유 자   외 2명

위 사건의 매각기일이 20   . 27. 10:00로 지정 되었는바 아래와 같은 사유로 연기신 청을 하오니 허가하여 주시기 바랍니다.

- 다음 -

신청사유 : 현재 공유자 간 매수 매도에 관한 협의사항이 진행이 되어, 해당 협의의 결과
          가 도출이 되기까지 일정부분 시간이 필요하여 20   27. 의 매각일의 기
          일을 연기 신청합니다.

필자의 전작《지분경매로 토지 개발업자 되기》를 보면, 투자를 디자인하고 사전에 입찰에 임하기 전에 물건의 이해 관계인과의 매듭을 푸는 전략을 구사해 수익률을 극대화시키는 방법을 연구해야 한다고 기술했다. '지분경매+분묘기지권 파생상품' 또한 이해관계를 상상하면 묘지 이전과 같은 더 많은 파생상품이 만들어진다.

> 66
>
> *더 큰 그림을 그리면서 투자를 디자인하려면*
> *채무자, 채무자 지분의 후순위 채권자, 타 공유자, 타공유자지분의 채권자,*
> *점유 임차인들 간의 이해관계를 상상하며*
> *사전에 입찰에 임하는 방법을 공부해야 한다.*
>
> 《지분 경매로 토지 개발업자 되기》
>
> 99

　이후 묘지는 이전되었고 토지 위에 묘지가 없는 상태로 형식적 경매가 진행되는 '경매속행신청서'를 제출해 묘지가 없는 온전한 물건으로 되어 배당 수익률이 높아졌다. 이는 성공 투자로 가는 방법으로 전략을 갖고 투자한 결과다.

경매속행신청서

사 건 번 호 2000타경○○○○ 공유물분할을 위한 경매
채 권 자 ○○○
채 무 자 ○○○

신청인들은 다음과 같은 사유로 경매속행을 신청합니다.

다　음

1. 채권자들은 20○○. ○○. ○○ 채무자 측에서 채권자의 지분에 합당한 금액을 제공하고 매수하길 희망한다는 의사 표현을 믿고 기일연기 신청을 했습니다.

2. 하지만 20○○. ○○. ○○ 채무자 측에서 위 약속을 지킬 수 없다는 의사 표현을 해왔습니다. 더불어 별지목록에 존재하는 채무자 측, 가족분묘 2기를 20○○. ○○. ○○ 파묘해 이장을 했다는 연락을 했고, 별지목록의 경매 대상 물건의 경매 속행을 원한다고 했습니다.

3. 이에 채권자들은 경매를 속행하기를 희망합니다.

4. 분묘가 이장된 현장 사진을 첨부합니다.
   귀 원에서 '매각물건명세서'와 '현황조사서'를 통해 별지목록 경매 대상 물건지의 상황 설명란
   * 매각물건명세서 - '비고란. 2번'

'본건 토지의 남동측 부분에 인접필지와의 지적경계선상에 분묘 2기가 소재하고 있는 것으로 판단되나, 정확한 분묘의 소재 여부 등은 지적측량 등을 통해 확인을 요함. 분묘기지권 성립 여부는 불명'과

* 현황조사서 - '2. 부동산의 현황'
                 - '중간쯤에 묘지 2기가 있음'이라고 설명이 되어 있습니다.

5. 매각물건명세서, 현황조사서상 변동사항이 발생했음으로 변경된 현상에 맞는 매각물건명세서와 현황조사서 및 현장 사진을 반영해주시길 바랍니다.

20○○년 ○○월 ○○일

○○지방법원 경매 ○○계 귀중

03

지분경매 +
분묘기지권 첫 도전기

다음 물건은 실전반 공부를 하고 지분경매 + 분묘기지권 물건에 처음 임장한 실전반 제자의 첫 도전기다.

지난 7월 17일 토요일에 ○○에 있는 묘지물건 3개를 임장하고 왔습니다.

'실전반 공부를 한 후, 첫 임장이라 굉장히 긴장도 되는데, 잘 할 수 있을까?' 하는 염려도 있었지만, 다행히도 계획했던 3건 모두 묘지를 잘 찾고 사진도 잘 찍어왔습니다. 3건에 대한 내용 파일로 사진과 함께 첨부하오니 검토해주시기 바랍니다. 휴가 기간이신데 염치없이 부탁을 드리니 죄송합니다.

토지 현황 조사서		임장일	2000.7.17.(토)
사건번호(물건번호)	○○○○	입찰일	○○○ (5차)
물건지 주소	충남		
지목/총면적	임야 / 1983㎡	지분면적	1026㎡(총면적의 342/661)
감정가격	10,260,000원	최저 입찰가격	10,260,000원(100%)-유찰0회
담당		타 공유자	2명
개발행위허가과			

■ 감정평가 요약 내용 ■

1) 위치 및 부근의 상황

　본건은 충남 소재 '○○' 북동측 인근에 위치하며 주위는 농가 마을 인근 자연림 등으로 이루어진 임야지대로서 제반 환경은 보통임.

2) 형태, 지세

　사다리형의 급경사 지대 내 완경사의 토지임.

3) 이용 상황

　자연림으로 이용 중이며 분묘 10여기 소재함.

　- 세운 비석의 형태는 아니며 각 묘지 앞에 제단 설치가 되어 있음. ○○○ 씨 가족묘로 확인.

　　제단은 각 묘지 앞마다 있었지만 잘 관리되고 있다는 느낌은 적었음.

　- 산중인데도 불구하고 가족묘지까지 가는 출입구가 넓고 정리가 잘되어 있음.

4) 타 공유자 정보 (2명)

이름	주민번호	지분	주소	자가여부	시세
○○○	(88세)	110/661	충남		
○○○	(76세)	209/661	충남		

■ 해결 프로세스 ■

1) 대체로 타 공유자 연령대가 높아 가족묘지 수호에 대한 의지가 높다고 판단함.

2) ○○시 개발행위허가과(지적담당)에 분필이 되는지 여부를 확인한 결과, 본건 지역이 농림지역에 해당하며 $60m^2$ 이상이면 분할 가능하다는 말을 들음.

   임장 후 의견은 현물분할이 되더라도 분묘가 처음부터 끝까지 산재되어 있어서 타 공유자가 현물분할에 대한 의견은 먼저 안 할 것이라고 생각함.

3) 1회차 감정가에 입찰할 예정이었지만, 현재 법인설립이 진행 중이어서 법인설립 때까지 유찰을 기다릴 예정.

4) 전체 가족 이름이 적혀 있는 비석이 없고, 가묘지마다 이름이 적힌 상석이 있어 타 공유자의 이름이 적힌 내용은 없음.

지분경매 + 분묘기지권 물건은 이와 같은 프로세스로 입찰 전 체크하고, 낙찰을 받아 해결하는 지분경매의 파생상품이다.

토지 현황 조사서		임장일	○○○(토)
사건번호(물건번호)	○○○	입찰일	○○○(6차)
물건지 주소		충남 ○○○	
지목/총면적	임야 / 1120㎡	지분면적	373.333㎡ (총면적의 1/3)
감정가격	10,453,324원	최저 입찰가격	10,260,000원(100%)-유찰0회
담당	○○○○	타 공유자	2명
개발행위허가과	○○○○		

■ 감정평가 요약 내용 ■

1) 위치 및 부근의 상황
   - 본건은 ○○○리 소재 '○○휴게소(○○방향)' 북측 인근에 위치하며 주위는 전, 임야 등이 소재하는 순수 야산 지대로 제반 환경은 보통임.
   - 고속도로 휴게소 위쪽 야산 중턱에 위치해 있으며 배산의 형태를 띠어 전방 시야가 좋음.

2) 형태, 지세
   - 사다리형의 급경사 지대 내 완경사의 토지이며 2단의 층으로 구분이 되어 있으며 분묘 4개는 위쪽 상단에 모두 위치함.
   - 하단에는 나중에 가족묘로 쓸 예정인지 평평하게 잔디로 잘 가꾸어져 있음.

3) 이용 상황
   자연림으로 이용 중이며 평장 형태의 분묘 4기 소재함.
   - 비석은 없고 각 묘지 앞에 제단 설치가 되어 있음. 동래 정씨 가족묘로 확인.
   - 묘지 중 1기는 교회 십자가(집사 직분) 표시가 있음.
   - 묘지를 관리하는 작은 창고를 만들어 비품을 보관 관리하고 있음.
   소독통 2개가 있었으며, 묘지 전체적으로 잡풀이 없고 잔디로 심어져 있어 매우 잘 관리하는 느낌을 받음.

4) 타 공유자 정보 (2명)

이름	주민번호	지분	주소	자가여부	시세
○○○	○○○ (68세)	1/3	인○○○		
○○○	(76세)	○○○ (65세)	서울 ○○○		

■ 질문사항 및 해결 프로세스 ■

1) 등기부등본을 보면 2005년 5월에 ○○○가 공매로 ○○○의 지분 1/3을 낙찰받음.

이후 타 공유자와의 협상이 진행이 안 되었는지 현재까지 16년 동안 공유 상태로 있다가 2016년, 2019년 세금 문제로 압류된 후 공매로 나옴. 공매 낙찰받은 후 꽤 오랜 시간이 지나서 근저당권이 아닌 세금 문제로 다시 공매로 나온 내용을 보니 형식적 경매로 내보내기 위한 것은 아닌 것으로 판단함.

협상이 안 되어 16년 동안 ○○씨 가족묘의 1/3 지분권자로 있는 것을 보니 공유물분할 소송을 알지 못한 것으로 생각됨. 분묘 중에 기독교인이 있었지만, 전체적으로 묘지 관리 상태를 보면 가족묘로 수호할 의지도 강하다고 생각됨.

2) 마을 쪽을 통해서 진입한 결과 물건소재지 찾기도 어렵지 않았는데 5회까지 유찰된 부분이 마음에 걸림.

3) ○○시 개발행위허가과(지적담당)에 분필이 되는지 여부를 확인하니 본건은 계획관리지역이며 60㎡ 이상이면 분필이 가능하다는 이야기를 들음.

4) 6회차 감정가격에 입찰할 예정이었지만, 현재 법인설립이 진행 중이어서 법인설립 때까지 유찰을 기다릴 예정임.

5) 전체 가족 이름이 적혀 있는 비석이 없고, 묘지마다 이름이 적힌 묘석이 있으나 타 공유자의 이름이 적힌 내용은 없음.

토지 현황 조사서		임장일	○○○○
사건번호(물건번호)	○○○	입찰일	○○○
물건지 주소	충남 ○○○		
지목/총면적	임야 / 1,850㎡	지분면적	370㎡ (총면적의 1/5)
감정가격	10,360,000원	최저 입찰가격	10,360,000원(100%)-유찰0회
담당	○○○	타 공유자	6명
개발행위허가과	○○○		

■ 감정평가 요약 내용 ■

1) 위치 및 부근의 상황

   본건은 충남 ○○○에 위치하며 본건 인근까지 차량 접근이 가능하며 교통 여건은 보통임.

2) 형태, 지세

   사다리형의 완경사의 토지이며 분묘 1기와 평장 1기 비석이 있음.

3) 이용 상황

   자연림으로 이용 중이며 평장 형태의 분묘 1기와 봉분묘지 1기 소재함.

   비석을 통해 타 공유자 모두 확인했으며 단양 우씨 가족묘로 사용 중. 타 공유자(000)의 부친이 작년 7월쯤에 사망했는지 오전에 가족들이 제사 지내러 온 듯함.

   오후 2시쯤에 한 가족이 간단한 제사음식을 가지고 묘지 방문하는 것을 봄.

   평장을 한 분묘가 타 공유자 3인의 부친임.

   평장한 지 1년 정도 지난 시점이기에 묘지를 수호할 의지가 강하다고 판단됨.

4) 타 공유자 정보(6명)

이름	주민번호	지분	주소	자가 여부	시세
○○○	○○○○ (53세)	1/15	충남○○○		

이름	주민번호	지분	주소	자가 여부	시세
○○○	○○○ (55세)	1/15	경기도 ○○○		
○○○	○○○ (59세)	1/15	경기도 ○○○		
○○○	○○○ (82세)	3/15	충남 ○○○		
○○○	○○○ (76세)	3/15	서울 ○○○		
○○○	○○○ (69세)	3/15	예산군 ○○		

■ 질문사항 및 해결 프로세스 ■

1) 등기부등본을 보면 타 공유자 중 ○○○의 가압류, ○○○에 대한 대여금 지급명령, ○○○에 대한 채무변제공증 등 타 공유자들의 재정 상태가 좋은 편은 아님.

3) ○○○ 분할허가과에 분필이 되는지 여부를 확인한 결과, 조례에 의해 분필이 되지 않는다는 말을 들음.

안녕하세요?

편안한 쉼이 되시고 있는지요? 실전반 제자입니다.

지난번 문의드렸던 공매 묘지 건(앞에 소개한 3건)이 이번 주 진행이 되었는데 결과가 나와서 내용 전해드립니다.

1. 충청남도 ○○○
   물건번호 : ○○○

낙찰(6회차) → 낙찰가격 : 6,800,000원(5명 유효입찰)

감정가격 : 10,453,324 원(감정가격 대비 : 65.05%)

최저 입찰가격 : 5,227,000원(최저 입찰가격 대비 : 130.09%)

제일 먼저 추천해주셨던 물건인데 이번 회차에 다른 분이 낙찰되었습니다. 부동산 매매법인의 사업자등록이 되었다면 이번 회차에 저도 참여해서 최저 입찰가격에 조금 더 써서 해보려고 했었는데, 역시 고수분들이 많다고 생각했습니다. 아쉽지만 좋은 경험이라고 생각합니다.

2. 충청남도 ○○○
   물건번호 : ○○○

유찰(1회차)

감정가격 : 10,360,000원

2회차 최저가격 : 9,324,000원

타 공유자가 6명이고 재정 상태가 좋지 않아 협상을 진행하는 데 어려움이 있을 듯합니다. 3회차 840만 원 정도에 입찰해보려고 합니다.

3. 충청남도 ○○○
   물건번호 : ○○○

감정평가액 / 최저 입찰가격 : 10,260,000원

묘지 관리상태가 안 좋고 타 공유자 2명 중 1분이 나이가 많아서 하지 않았으면 좋겠다고 하신 물건입니다. 이번에 취소가 되어 무슨 이유인가 해서 상세공고문을 보려고 하니 공고문이 열리지 않아 볼 수 없었습니다. 이 경우에는 '타 공유자가 세금 문제를 처리해서 진행이 안 되는 것인가?' 하는 생각이 듭니다. 이상 진행되었던 3건의 내용이었습니다.

○○○건이 아쉬웠지만, 스승님께서 말씀하셨던 '목계지덕(木鷄之德)'의 의미를 새기고 임장하고 준비하는 시간을 갖겠습니다. 편안한 하루 되시고 행복함이 충만하시길 기도합니다.

3건의 임장을 통해 무엇을 체크해 입찰에 임하는지를 배웠고, 아직 부동산 매매법인을 만들었으나 사업자등록증이 발급이 안 되어서 입찰에는 참여하지 못했지만, 1건은 취하, 1건은 타 공유자의 재정 상태가 나쁘다고 판단했다. 또 다른 1건은 높은 입찰률 등 물건을 분석하는 능력을 향상시키는 계기가 되었다.

또 다른 물건인 3건의 임장을 통해 다시 한번 도전을 시도해보는데, 여기서 드디어 1건을 낙찰받았다.

■ 대상 물건 요약 내용 ■

1) 위치 및 부근의 상황
- 충남 ○○○에 위치하며 물건지 앞 50m 정도까지 차량 통행 가능.
- 물건지 바로 옆에 ○○○ 씨 가족묘가 상당히 넓게 조성되어 있음.
- 공매 원인 제공자인 ○○○ 씨 지분 건인 ○○○에 소재하는 전(田) 1,104 m^2 감정가격(약 29,800만 원)에 해당하는 물건과 함께 나왔지만, 공매에는 물건번호가 별도로 해서 진행이 됨.

2) 이용 상황
- 자연림으로 이용 중이며 봉분 형태의 분묘 2기 소재함(조부, 조모 묘로 비석을 통해 확인함).
- 손자들 지분물건 중 ○○○(1/3) 물건이 공매 통해 진행됨.

4) 타 공유자 정보(2명)

이름	주민번호	지분	주소	자가 여부	시세
○○○	○○○ (57세)	1/3	충남 ○○○	X	
○○○	○○○ (53세)	1/3	서울 ○○○	등기부열람이 안 됨.	

■ 현황 및 해결 프로세스 ■

1) 타 공유자 2인은 ○○○ 씨의 형과 동생으로 되어 있음.
타 공유자 중 형은 고향에 자가로 거주하고 있고 동생은 서울 ○○○아파트(○○○아파트)에 거주하고 있음(등기부 열람 확인 시 등기부에 나타나지 않음). 고향에 약 29,800만 원 상당의 전(田)이(○○○ 씨 지분 1/3) 공매로 진행되는 것으로 봐서 두 형제들이 자금의 여유는 많지 않을 것으로 판단됨.

2) ○○시청 개발행위허가과(지적담당)에 분필이 되는지 여부를 확인하니
본건은 계획관리지역 60㎡ 이상이면 분필이 가능하다는 이야기를 들음.
하지만 조부, 조모 묘로 조성 중에 있고 관리상태도 양호해 경매나 분할로
진행하지는 않을 듯함. 협상에 의한 해결 방법으로 진행할 계획임.

3) 요즘 공매로 진행되는 묘지 물건들 중 3,000만 원대 이하 물건들이 100%
에 낙찰되는 경향이 높음. 종종 100% 넘는 물건들도 보이고 있음. 등기부
를 보면 현황들이 깔끔해서 경쟁률이 높을 것으로 생각됨. 금주 1회차 감
정가(1,870만 원)에 입찰할 계획을 가지고 있었지만, 개인적인 일 때문에
입찰을 못함. 다음 주 2회차 감정가격(1,670만 원)에 입찰할 계획을 가지
고 있음.

고견을 구합니다.

■ 대상 물건 요약 내용 ■

1) 위치 및 부근의 상황
• ○○○마을회관 남서쪽 인근 위치함. 물건지 앞 100m 정도까지 차량 통행 가능함.
• 물건지 앞 ○○○ 씨 가족묘가 넓게 조성되어 있어 물건 진입 시 용이하게 진입 가능함.
• ○○○ 씨 가족묘 뒤쪽으로 100m 정도 뒤쪽에 위치하고 있으며 진입도로 50m 길이에 경사로가 20° 정도 됨.
• 이전에 묘 설치와 이장·개장 시 마을과 문제가 많이 있었는지 묘 설치, 이장·개장 시 다툼이 없게 마을 대표와 협의하라는 표지판이 산 입구 몇 곳에 설치된 것이 보임.

2) 이용 상황
• 자연림으로 이용 중이며 봉분 형태의 분묘 4기 소재함(조부모, 부모묘로 비석을 통해 확인함).
• 묘지마다 비석이 있었으며 ○○○ 씨 가족묘로 확인됨.
• 아직 벌초하지 않아 수풀이 많았지만 전체적으로 잘 관리하고 있는 느낌을 받음.
• 8월 23일부터 입찰 시작이어서 그런지 수풀들이 제쳐진 상황이 있었음.
• 여러 팀이 다녀간 흔적이 있었음.

4) 타 공유자 정보(2명)

이름	주민번호	지분	주소	자가 여부	시세 (네이버/KB)
○○○	○○○ (72세)	1/3	서울 ○○○	자가 (재정비지역 지정)	15~18억 원
○○○	○○○ (38세)	1/3	경기 ○○○	전세	3~4억 원

■ 현황 및 해결 프로세스 ■

1) 공매 원인 제공자인 ○○○ 씨는 지분압류되기 전에 딸인 ○○○ 씨에게 증여(2018년 4월)했지만, 채권자인 신용보증기금에서 가처분신청(2018년 12월)을 함으로써 사해행위취소로 인한 소유권이전등기 말소청구권을 해서 이후 대위등기로 등기말소를 함(2019년 11월). 이후 세금 문제로 공매로 진행이 됨.

2) 타 공유자 2인은 ○○○ 씨의 형과 조카로 되어 있음. 타 공유자는 서울과 ○○에 거주하고 있어 어느 정도 자금의 여력이 있는 것으로 판단함.

3) ○○군청 개발행위허가과(지적담당)에 분필이 되는지 여부를 확인하니 본건은 농림지역 보전관리지역이며 60㎡ 이상이면 분필이 가능하다는 이야기를 들음. 하지만 2대 묘로 조성하고 있고 관리상태도 양호해 경매나 분할로 진행하지는 않을 듯함. 협상에 의한 해결 방법으로 진행할 계획임.

4) 1회차 금액(약 5,900만 원)이 조금 높아 1~2회 유찰되는 상황을 보고 3~4회차 감정가격(약 4,300만 원 정도)에 입찰할 계획을 갖고 있지만, 임장 시 몇 명의 팀들이 다녀간 정황이 있어 4회차까지 떨어지지는 않을 것 같다는 생각이 듦.

고견을 구합니다.

앞의 3건 임장을 통해서 1건을 낙찰받아 드디어 첫 투자를 하게 되었다. 이후 타 공유자에게 내용증명을 보냈으나 전달이 잘 안 되었다.

그래서 주소지 불명이었던 타 공유자 2인 중 1명의 주소지로 다시 내용증명을 보낸 결과, 주소 불명으로 송달이 안 된다는 통보를 받았다. 결과적으로는 타 공유자 1은 주소 불명이고, 타 공유자 2는 수취인 불명으로 송달이 잘 안 되었다. 더 이상 연락이 되지 않으면 바로 공유물분할 청구의 소를 작성해 소를 진행하는 것이 순서다.

사건번호 : 2000 가단 3000 ○○지방 ○○지원에서 공유물분할 소송이 진행되었다.

전체 분묘가 있는 임야 1/3의 감정가격 약 6,000만 원이고 이 지분을 약 3,000만 원에 낙찰받은 물건이다.

* 2022. 3. 25 1차 변론기일. 공유자 1명 만남.
* 2022. 4월 말까지 법원에서 피고에게 답변서 제출하라는 말을 함.
* 2022. 5. 25 조정기일 잡힘.
* 2022. 4. 26 공유자 2명 미팅
* 2022. 4. 27 피고 답변서 법원에 제출

소장을 접수하고 피고가 답변서를 제출할 때까지의 일정이고, 이후 타 공유자와 전화를 통해 협의금액으로 1억 2,000만 원을 이야기한 후, 타 공유자는 얼마까지는 협상금액을 인정하겠다는 답변조차 하지 않고, 자기들끼리 대화를 해서 협의 후 나중에 만나서 이야기하겠다고 하고 전화를 끊었다.

그 이후, 4월 26일에 공유자 2명과의 만남에서 지분매입할 의사도 있었지만, "원고가 제시한 1억 2,000만 원은 자기들이 감당할 수준의 금액이 아니다. 따라서 원고가 제기한 현물분할대로 진행할 예정이다. 나중에 이장해서 진행할 계획도 갖고 있다. 피고들이 지분 매입할 의사도 있다면 금액은 얼마까지인가를 협의 후 이야기해달라"라고 만남에서 이야기되었다.

그리고 타 공유자들은 4월 28일, 법원에 답변서를 제출했다. '원고가 청구한 부분의 현물분할에서 지분별 구역 분할은 인정한다. 단, 소송비용은 조정이 필요하다. 화해·조정은 희망한다'라는 요지의 답변서를 제출했다.

그 이후 실전반 제자가 필자에게 앞으로의 대응 방안을 물었다.

1. 조정으로 합의할 경우
선생님 말씀처럼 1억 2,000만 원의 협상금액은 과하다고 생각했습니다. 조정이 필요한데 감정가격인 6,000만 원 정도로 해야 할 듯합니다.

2. 조정으로 합의가 안 될 경우
강의에서 말씀하셨던 청구취지를 변경해 대금분할로 바꾸는 전략을 구사했습니다. 결국 조정은 불발로 되고 화해 권고결정에 의해서 현물분할로 결정되었습니다.

위 사건의 공평한 해결을 위하여 다음과 같이 결정한다.

결 정 사 항

1.   -3 임야 13,686㎡ 중 별지 감정도 표시 10, 11, 6,

7, 8, 10 각 점을 차례로 연결한 선내 (나) 부분 4,562㎡를 원고 소유로, 별지 감정

도 표시 1~5, 11, 10, 9, 1 각 점을 차례로 연결한 선내 (가) 부분 9,124㎡를 피고들

공유로 분할한다.

2. 소송비용은 각자 부담한다.

청구의 표시

[**청구취지**] 결정사항 제1항 기재와 같다(원고 2022. 5. 28. 자 감정신청서 기재를 바탕

으로 결정사항과 같이 파악한다).

[**청구원인**] 원고는 2021. 10. 15. 결정사항 제1항 기재 토지 중 1/3 지분의 소유권을

취득하였는바, 공유자인 피고들을 상대로 공유물분할을 청구한다.

결 정 이 유

이 사건 토지의 분할방법에 관하여 원고와 피고들 사이에 이견이 없다고 보이므로,

결정사항과 같이 분할하여 이 사건을 마무리 지으시기를 권고합니다.

04

지분경매 +
분묘기지권 조정으로 해결

낙찰받아 여러 차례 지분 해소 문제를 위해 다음과 같은 내용증명을 타 공유자들에게 보내서 통화한 결과, 타 공유자는 돈으로 계산하지 않을 것이고, 분할해 가라고 주장한다.

연 락 주 세 요!

안녕하세요
일년 가운데 가장 풍성하다는 한가위가 다가옵니다, 댁내 평안하신지요

저는 지난 20.   27일자   지방법원   지원 경매 계의 20 타경
부동산강제경매를 통해   -5번지 10810㎡의 토
지 가운데   의 지분 4분의 1을 낙찰받았습니다.

그리고 지난 20.   14일자로 낙찰대금을 완납하고, 부동산등기를 완료하여
소유자가 되었습니다.

위와 관련 토지지분 해소를 위하여 상의 드리고자 연락드렸습니다.
경매 등으로 어려우시더라도 오는 20'   29까지 아래 전화번호로 연락주시
면 고맙겠습니다

                              20   24.

공유물분할 청구는 현물분할이 원칙이므로, 다음과 같이 공유물분할 청구취지로 소장을 작성했다. 물론 분할 부분은 조부 묘지를 포함한 가장 좋은 부분을 포함시켜서 했다.

2. 소송비용은 피고가 부담한다.
라는 판결을 구합니다.

청구원인

1. 원고는 피고들의 별지 목록 기재 부동산의 4분의 1 지분에 대해
   7. .일   지방법원   .지원 사건번호 2○ 타경   로써 매수신
   청하여 매각허가결정을 받아 20   14일 적법한 절차에 따라 잔금
   을 납부하고 소유권이전등기를 마친 진정한 소유자입니다.

2. 원고는 피고 2, 3의 위임받은 피고 1과 여러 차례에 걸쳐 별지 목록 부
   동산의 공유지분 해소를 위해 전화·우편으로 협의하였으나 더 이상
   원만하게 진행되지않아 공유물의 분할청구의 소를 제기하기에 이른
   것입니다.

공유물의 분할청구의 소

청구취지

1. 별지 목록 기재 토지중 별지 분할도면표시 ①⑧⑨⑩⑪의 각 점을 순차
   연결한 선내 (가)부분(2,702.5㎡)을 원고의 소유로, 같은 도면표시 ①②③
   ⑩①의 각 점을 순차 연결하는 선내 (나)와 ③④⑤⑥⑨⑩③의 각 점을
   순차 연결하는 선내 (다)와 ⑥⑦⑧⑨⑥의 각 점을 순차 연결하는 선내
   (라)부분(합계 8,107.5㎡)을 피고 1, 2, 3의 각 소유로 분할한다.

<h1 style="text-align:center">답 변 서</h1>

사 건   2(가단
원 고
피 고

위 사건에 관하여 피고들은 다음과 같이 답변합니다.

<h2 style="text-align:center">청구취지에 대한 답변</h2>

1. 원고의 청구를 기각한다.
2. 소송비용은 원고의 부담으로 한다.
라는 판결을 구합니다.

<h2 style="text-align:center">청구원인에 대한 답변</h2>

1. 원고의 지나치게 과다한 금액의 요구

공유물분할은 공유자가 공유관계를 지속을 더 이상 원하지 않는 경우에 원칙적으로 언제든지 분할하여 각자의 단독소유로 전환할 수 있는 당연한 재산권의 행사로서 피고들도 이에 대하여는 수긍하고 적극적으로 분할에 응하고자 하였습니다.

그러나 원고는 경매낙찰금액이나 현 시세와는 동떨어진 금액(경낙금액의 세배)을 요구하여 원하는 분할방식을 제시하면 적극적으로 응하겠다는 취지의 갑 제9호증과 같은 내용증명을 발송하였고, 이후 원고는 별다른 협의 없이 이 사건 소를 제기하였습니다.

2. 원고의 분할제시안에 대한 피고들의 입장

　　본인의 정당한 재산권의 행사의 일환으로 공유물분할하고자 하는 경우 본인들만의 유리한 것이 아닌 합리적인 분할안을 제시하여야 할 것입니다.

　　이 사건 토지는 일반 대지나 농경지가 아닌 임야 임에도 원고가 제시한 분할의 형식은 비합리적인 것을 떠나서 기괴한 형상이 아닐 수 없습니다. 그로인한 효과적인 임야의 관리나 경계의 구분에 어려움이 있는 분할 방안이 아닐 수 없습니다. 이 사건 임야는 산 정상부분에서 짧게 흘러내리는 조그만 능선으로 갑 제10호증 점 8부분이 계곡을 향하는 아래쪽이고 점 5, 1 ,4 10부분이 이 사건 임야의 정상부분입니다.

1) 공평하고 합리적인 분할

　　원고가 분할하여 원고의 소유로 하고자 하는 부분은 이 사건 임야의 능선과 능선의 좌우 법면 일부분에 해당합니다. 능선을 중심으로 한 한 쪽부분이 아닌 알박기 형식으로 분할하는 분할 방식은 상식을 벗어

나는 분할의 방식이라 할 수 있습니다. 임야의 경계는 고랑, 계곡, 능선을 중심으로 경계가 이루어 지는 것이 일반적인 형태이므로 능선을 중심으로 한쪽 범면이거나 산 정상이나 산 아래 부분을 지분에 해당하는 만큼을 분할하는 방식이 보다 더 합리적이고 향후의 분쟁의 소지도 방지할 수 있는 공평한 분할의 방식이라 할 수 있을 것입니다.

또한 원고의 분할안은 피고들의 토지의 이용에 대하여는 전혀 고려하지 않은 것으로서 분할 후의 피고 소유부분의 형상은 일반적으로 찾아 볼 수 없는 매우 기괴한 형상을 띨 뿐 아니며 분할이후에도 명확한 표식 없이는 경계를 알 수 없는 분할의 방식이라고 할 수 있습니다.

2) 권리의 남용

원고들이 분할하여 원고의 소유로 하고자 하는 곳에는 피고들의 조부

원고의 소장을 받고 타 공유자인 피고에 재판부에 제출한 답변서를 살펴보면, 피고들은 토지의 현물분할을 원하고 있음을 알 수가 있다.

로 하는 안

5) 공유물분할은 일반 민사소송과 달리 원고 또한 다수 지분권자의 일
인이고, 피고도 원고와 동등한 지분권자에 해당하므로 반드시 원고
의 청구취지에 따라야 하는 소송이 아니라 할 것입니다. 원고가 청
구취지와 같은 분할안(스스로 진출입로가 없고 피고 조부의 봉분이 있는 곳
을 기이한 형태로 분할하는 방식)을 제시하는 것은 본인에게 이득이 되는
것보다 피고들에게 고통과 손해를 주기 위한 것이며 또한 피고들을
부당하게 압박하고 분할의 협의가 이루어지지 않도록 하여 경매를
통한 현금분할을 가기위한 것으로 밖에 생각할 수 없습니다.

공유물분할 소송은 현물분할이 원칙이며 현물분할이 불가능하거나
그것이 형식상 가능하다고 하더라도 그로 인하여 현저히 가격이 감
손될 염려가 있을 때에는 공유물의 경매를 명하여 대금을 분할하는
이른바 대금분할의 방법에 의할 수 있는바, 이 사건 토지의 경우 공
유자의 수도 적고 원고의 분할 후의 면적또한 충분하고, 여러 분할
의 형태도 가능하며 분할로 인하여 원고의 현재의 지분의 가격보다
감손될 염려도 없다고 할 것이므로 현물분할로 이루어 지는 것이 마
땅하다고 할 것입니다.

이에 원고는 위 1)내지 4)항의 분할의 방식 중 하나의 방식에 의한
분할안을 다시 제시하여야 마땅하다는 것이 피고들의 입장입니다.

4. 이 사건의 토지에는 정상 3분의 2지점에 피고들의 조부의 분묘가 소재
하고 있으며 분묘 윗부분은 경사가 비교적 완만하고 분묘 아래부분은
능선을 중심으로 좌우의 범면의 경사도가 상당한 편입니다. (갑 제6호

중의 1 내지 5 각 사진은 이 사건 토지와는 상관없는 다른 임야의 사진을
첨부한 것입니다.)
앞서 진술한 바와 같이 도면의 점5부분에 이르기까지 인근 토지의 밤

농사를 위한 임도가 있고 이 임도를 통하여 경운기, 트럭이 운행하고
있습니다.
인접 토지 임야와 이 사건 임야에도 지상에 밤나무가 식재되어 있으며
밤나무는 피고들의 부친이 식재한 것으로 피고들의 부친의 소유에 해
당합니다. 피고들의 부친은 80의 고령으로 비탈길을 오르내리며 밤을
줍고 밤나무를 관리하기에는 버거운 상태로서 경매당시 공유자 우선매
수를 하고자 하였으나 산의 위치, 산의 경사도, 주위의 시세 등에 비하
여 4차 유찰당시의 금액도 비싸다고 판단하여 입찰일에 가지 않았고
현지의 시세나 땅의 현황을 모르는 원고가 낙찰을 받게 되었습니다.
피고들의 부친도 더 이상 밤농사에 어려움이 있어 현물분할을 원하고
있으며 피고들도 조부의 분묘가 소재하는 부분을 피고들의 소유로 하
는 분할안이 제시된다면 분할에 응하고자 합니다. 원고가 다른 분할안
을 제시하지 않는다면 피고들도 원하는 분할 안을 정하여 추후 제출하

도록하겠습니다.

이 사건 토지에 대한 사진은 추후 준비서면을 통하여 제출하도록 하겠습니다.

5. **조정에 관한 피고들의 의견**

원고가 피고들에게 요구하는 낙찰금액의 세배에 해당하는 터무니 없는 금액이라면 오히려 원고가 피고들의 지분을 매수하는 편이 빠를 것으로 보이며, 주위의 거래시세를 반영한 합리적인 가격으로의 매수가 아닌 이상 조정에 응할 생각이 없음을 밝힙니다.

20 4. .

피고   (인)

피고의 답변서에 대해 원고가 재판부에 바로 제출한 준비서면이다. 원고는 이 준비서면에 조정해줄 것을 재판부에 요청했다.

준비서면

사 건 2000가단○○○○공유물분할 청구의 소
원 고 ○○○
피 고 ○○○ 외 2명

위 사건에 관해 원고는 다음과 같이 변론을 준비합니다.

다 음

1. 피고의 1항 주장에 대한 반박

원고의 과다한 금액 요구라는 피고 주장에 대해 2000년 10월 6일자 공유지분 해소를 위한 피고와 전화 통화에서 협상 차원에서 낙찰금 1,701만 원의 세배(금액 불특정)를 말한 사실이 있습니다.
(갑 제11호증 통화 녹취록), (갑 제12호증 매각대금 완납증명원)

원고와 피고의 통화 중 피고의 말에 의하면 현재 이 사건 임야 주변의 실거래가는 m^2당 약 15,000원 이상 즉, 낙찰금의 2배 이상인 것으로 판단됩니다.
(갑 제11호증 통화 녹취록)

원고가 협의 없이 소를 제기했다는 피고의 주장에 대해 약 2년간(2000~00년간) 도합 7회에 걸쳐 피고 ○○○와 협의한 사실이 있습니다.
(갑 제13호증 전화통화 내역(녹음))

특히, 피고로부터 내용증명을 수취한 2000년 10월 11일자 이후에도 이 사건 임야 공유물분할 건에 대해 **5회 협의한 사실**이 있습니다.
(갑 제13호증 전화통화 내역(녹음))

2. 피고의 2항 주장에 대한 반박

이 사건 임야는 갑 제10호증 분할도면표시 1, 2, 3, 4, 5, 6, 7, 8, 9, 10 각 점을 잇는 '가'면은 능선, '나','다','라'면은 구릉과 계곡으로 점8 아래인 남서쪽에서 북동쪽으로 보면 한자인 묏 산(山)자 형태입니다.
(갑 제6호증 부동산 현황사진)

특히, 이 사건 임야는 지적도상 도로가 없는 맹지입니다.
분할도면표시 어느 점을 연결해 분할하더라도 지분마다 동일한 결과를 얻을 수 없습니다.
(갑 제4호증 임야도등본)

그렇기 때문에 피고가 주장하는 것처럼 공평하고 합리적인 분할을 위해 청구취지와 같이 동일한 면적으로 4등분 분할한 원고의 현물분할 방식이 최선의 방법입니다.
(갑 제10호증 분할도면)

3. 피고의 3항 주장에 대한 반박

원고는 이 사건 임야에 대해 공유물분할은 현물분할이 원칙임을 잘 알고 있습니다. 또한, 피고의 공유물분할 제시안에 대해 충분히 이해합니다. 피고가 제시한 현물분할안은 능선, 구릉, 계곡으로 이루진 임야이므로 공평, 타당하지 않습니다. 원고도 피고와 같이 동등한 지분권자로서 이미 소장에서 분할도를 제출했습니다.

더욱이 피고의 현물분할 제시안에 대해 기속되거나 필수 선택해야 할 아무런 근거가 없다고 생각합니다. 고의 청구취지 현물 공유물분할이 합리적이고 공평, 타당하다고 생각합니다.

4. 피고의 4항 주장에 대한 반박

1) 토지와 상관없는 다른 임야사진 제출이라는 피고의 주장은 사실과 다릅니다.

원고가 직접 이 사건 임야에 임장, 촬영, 제출·접수한 사진입니다.

(갑 제6호증 부동산 현황사진)

2) 피고는 원고에게 현물분할안 제시를 주장하고 있습니다.

이에 대해 원고는 청구취지와 같이 현물분할도를 제출했습니다. 원고는 이미 2000년 2월 27일자 피고에게 분할도를 작성해 보내줄 것을 요청한 바 있습니다. 그러나 피고는 1년 동안 묵묵부답하므로 부득이 2000년 1월 25일자 공유물분할도를 첨부한 소장을 접수하게 되었습니다.

현물분할안을 선택하라는 피고의 주장은 이유가 없습니다.
(갑 제14호증 공유물분할안 제시요청 카톡 내용)

5. 피고의 5항 주장에 대한 반박

존경하옵는 재판장님, 원고의 청구취지와 같이 현물로 공유물분할을 명해주시기를 바랍니다.

다만, 피고들의 답변서에서 조부 분묘가 소재하고 있다는 사정과 피고들이 합리적인 가격으로 조정을 희망하므로 원고 또한 화해·조정을 구합니다.

입증 방법

1. 갑 제11호증 통화녹취록 1통
2. 갑 제12호증 매각대금 완납증명서 사본 1통
3. 갑 제13호증 전화통화 내역(녹음) 1통
4. 갑 제14호증 공유물분할안 제시요청 카톡 내용 1통

2000. 5.   .

원고 ○○○ (인)

○○지방법원 ○○지원 귀중

그 이후 원고는 재판부에 기일지정신청서 제출했다.

피고에게 이 사건 소장 부본을 송달해 모두 도달했고, 이에 피고들은 답변서에서 '주위의 거래 시세를 반영한 합리적인 가격으로의 매수가 아닌 이상 조정에 응할 생각이 없음을 밝힙니다'라고 재판부에 말했다. 원고 또한, 피고들의 답변서에서 피고의 조부 분묘가 소재하고 있다는 사정과 합리적인 가격으로 조정을 희망하므로 빠른 시일 내에 조정을 구한다고 기일지정 신청서를 제출했다.

그 이후 조정기일이 잡혀서 원고, 피고, 조정위원이 함께 모여 논의를 하는 과정을 생생하게 올리니 조정기일에 어떠한 사항에 대해 논의하는지 살펴보자.

조정위원과 조정에서의 대화

조정위원 : 오늘 ○○지원 공유물분할 청구의소를 담당한 ○○○입니다. 오신 분, 원고인가요?

원고 : 예, ○○○입니다(신분증 제시).

조정위원 : 피고, 신분증은?

피고 : 안 가지고 왔습니다.

조정위원 : ○○○ 씨요? 본래 피고의 신분을 확인해야 하는데, 원고는 피고와 여러 차례 전화 통화를 했나요?

원고 : 예, 통화했습니다.

조정위원 : 그럼 피고 신분에 대해 따로 이의가 없으신가요?

원고 : 예,

조정위원 : 그럼 알겠습니다. 조정할게요.

조정위원 : 이 사건 공유물분할, ○○○ 씨 지분을 경매 낙찰받은 거죠?

원고 : 예.

조정위원 : 서로 사가라고 협의를 했었나 봐요?

피고 : 특별한 것이 없었습니다.

조정위원 : 그럼 협의가 없었어요?

피고 : 예.

조정위원 : 기록을 다 봤는데, 답변서는 ○○○ 씨가 작성했나요?

피고 : 예.

조정위원 : 공유물분할에 대해 잘 아시는 것 같은데, 원고는 자기 지분을 잘라서 빠져나가겠다는 것인데, 그런데 이것을 현물로 분할할 것인지, 현물분할이 안 되어서 대금분할로 가액 상당으로 분할하든지, 최악의 경우에 또 경매에 부쳐서 비용 털고 나머지를 나누어가든지, 우선은 현물분할에 대해서는 원고 쪽에서 1, 2, 3, 4, 1로 연결하는 분할도를 내셨는데, 원고는 어떤 기준으로 작성했나요?

원고 : 꼭짓점 1, 4 위쪽에 현황도로가 있고 맹지는 맹지이나 평평한 곳이기 때문에 분할한 것입니다.

조정위원 : 1, 4 위쪽인가요?

원고 : 예.

조정위원 : 1, 2, 3, 4, 1이 1/4인가요?

원고 : 예.

조정위원 2 : 이 토지는 무엇 때문에 구입하게 된 것인가요?

원고 : 사업차 구입하게 된 것입니다.

조정위원 2 : 1, 2, 3, 4, 1 안에 묘지가 있는 것은 알고 있었나요?

원고 : 예, 알고 있습니다.

조정위원 2 : 묘지지상권을 인정하는 것인가요?

원고 : 그럼요, 저는 묘지를 산 것이 아니라 토지를 구입했습니다.

조정위원 2 : 1, 2, 3, 4, 1 정중앙에 묘지가 있는데, 적정한 선에서 묘지를 제외한 길 안쪽으로 가져가는 게 좋지 않을까요? 피고 쪽에서 그렇게 내줄 용의가 있지 않나요?

피고 : 예, 내줄 용의 있습니다.

조정위원 : 가능하다면 적정선에서 얼굴 붉히지 않고 길 안쪽으로 가져가는 게 낫지 않겠나 해서 여쭈어봅니다. 지금 피고 측에서 길을 내줄 용의가 있지 않나요?

피고 : 예.

조정위원 : 가능하면 길을 내주고, 묘지가 중앙에 있으니 이를 제외한 나머지를 가져가는게 맞지 않을까요?

(장황하게 늘어놓음.)

원고 : 위원님, 중간에 말을 잘라서 죄송한데, 처음에 ○○○ 씨와 통화에서 묘지 부분 분할 관련해서 말씀을 드렸습니다. ○○○ 씨가 현물분할을 해가라고 해서 내가 좋은 땅을 잘라 달라고 하면 잘라줄 거냐, 하니 안된다고 하므로 그렇다면 어디를 잘라줄 것인지를 분할도를 보내달라고 카톡을 2년 전에 보냈는데, 아무런 답변이 없습니다. 이 사건이 2년이 지난 사건입니다. 하다 하다 안되어서 2년 만에 소장을 제출하면서 분할도를 제출하게 된 것입니다. 그래서 답변서가 왔고 그 답변서를 보았더니 분할도를 보시면 왼쪽, 오른쪽이 능선, 구렁텅이입니다. 중간이 볼록하게 올라왔습니다. 그런데 그 구렁텅이 양쪽을 갖고 가랍니다. 아니면 맨 밑의 것을 갖고 가랍니다. 그것은 (피고의) 말이 맞습니까?

조정위원 : 그건….

원고 : 그러니까 내가 원하는 것은 이 위에 도로가 접해 있는 땅을 원하는 것이지, 이 구렁텅이 땅을 원하는 것이 아닙니다. 처음에 현물분할해서 갖고 가겠다고 말씀드렸습니다.

조정위원 : 그럼 뭐가 문제죠, 달라는 땅이 1, 2, 3, 4, 1의 가. 부분인가요?

조정위원 2 : 그렇죠, 그런데 가운데 묘가 있다는 거죠.

피고 : 저희는 이거예요. 실질적으로 시장의 논리인데, 시장의 논리로 갈 때는 밤나무와 묘지가 있는 때에는 제한이 있고, 아무것도 없을 때는 12,000원 감정가격이거든요. 분묘 있는 곳을 달라고 하는 요구사항이 분묘를 가운데 딱 끼워서 넣은 것이거든요. 그런 것을 보면 문제가 있고, 또 하나는 산지는 경계선이 낮은 지역, 밑에 부분이 좋은 데거든요. 그쪽을 달라고 하지 않고 묘지가 있는 위쪽을 달라는 것은 그 의도나 목적이….

조정위원 : 소송 당사자끼리 서로의 의중을 파악하느라 신경 쓰이겠죠. 당연합니다.

(피고에게) 제일 좋다는 곳이 가, 나, 다, 라 중 어디예요?

피고 : 라. 부분입니다. 산이라는 것은 산에 올라가면 올라갈수록 경사가 심하다. 값이 내려가거든요.

조정위원 : 이것에 대해 원고는 어떻게 생각하는가요?

원고 : 라. 부분은 양쪽의 구렁텅이가 있고, 합류되어 물이 흘러내리는 골짜기입니다. 평평한 게 아닙니다. 누가 봐도 그렇고 순위로 보더라도 4번입니다.

피고 : 쌍방이 적당한 선을 찾아서 해결하기를 바라는 바입니다.

조정위원 : 원고도 분할을 원하고 잘라서 나가려면 감정을 해야겠지만, 피고와 원고가 원하는 좋은 땅이 너무 현격한 차이가 나잖아요. 피고가 좋다는 라. 부분을 원고는 제일 안 좋은 땅으로 생각하시는데….

피고 : 제일 좋은 땅은 가. 부분으로 경사도가 30도 정도입니다.

조정위원 : 가. 부분 중 묘가 어디예요?

피고 : 가운데입니다.

  (이때 조정위원이 분할도를 들고 묘지가 어디 있는지를 확인한다.)

피고 : 묘지는 가. 부분 중앙에 있다.

원고 : 묘지는 가. 부분 중앙 아랫부분에 있다.

조정위원 2 : 묘지는 가. 부분 중앙 아래쪽에 있다.

  (이때 조정위원은 볼펜을 들어 가. 부분 중 묘지 위쪽을 가리킨다.)

조정위원 : 여기를 잘라야겠네.

원고 : 여기를 잘라야 합니다(볼펜으로 묘지가 포함된 가. 부분 전체를 잘라야 함을 지적).

조정위원 : 피고는 분묘를 절대 양보할 수 없다는 거죠?

피고 : 예.

조정위원 : 원고는 절대로 양보할 수 없는 조건이 무엇인가요?, 가.만 된다는 것은 말고 라.는 절대 안 된다는 것인가요?, 가. 부분만 된다는 것인가요?

원고 : 예.

조정위원 : 왜 그런가요?

원고 : 길 때문에 그렇습니다. 완전 맹지가 되면 사용할 수 없습니다.

조정위원 : 길이 어디로 있는가요?

(원고 가. 부분 위쪽을 가리킨다.)

조정위원 : 그렇다면 이렇게 자르면 안 되나?

(가.,나. 부분 위쪽(분묘를 제외한)을 가리키며 선을 긋는다.)

조정위원 : 피고는 분묘를 양보하지 못하고, 원고는 맹지가 되는 것은 양보할
수 없다는 거잖아요. 길이 있고 분묘를 피하는 것을 확인하면 되
겠네요. (선을 그어놓은 가., 나. 부분 위쪽을 가리키며) 원고가 원
하는 가. 부분의 땅이 제일 좋은 땅이라면 나머지 안 좋은 땅을 갖
고 가는 사람에게도 어느 정도 양보해야 하지 않을까요? 원고, 피
고가 좋은 방법이 없다면 피할 수 있는 것은 피해야 한다. 즉 피고
는 묘지를 갖고, 원고는 맹지가 아닌 땅을 갖고….

(원고가 진행 상황을 순간 판단한 결과, 이대로라면 현물분할 해야 하는 것임.)

원고 : 한 번 더 생각할 기회를 주시면 고맙겠습니다. 조정위원 재판장님께
말씀드려서 조정기일을 한 번 더 잡아서 하는 것으로 하겠습니다, 원
고는 감정신청을 해야 진행될 것 같아요.

(이때 재판장 입실)

재판장 : 원고는 위쪽을 가져가는 것인가요?
원고 : 아닙니다. 아직 결정한 사항이 아니라, 한 번 더 조정 기회를 줄 것을
말씀드렸습니다.
피고 : 원고의 주장에 제안을 하나 하겠습니다. 지상권도 양보하고 밤나무도
양보하겠습니다. 묘를 제외한 오른쪽 왼쪽 어느 곳이든 잘라서 달라면
주겠습니다.
재판장 : 10월 5일 15시 속행하겠습니다. 재판장 원고는 일주일 전까지 분할
안을 제출하세요. 피고도 보고 와야 하니까요.

조정에서 현물분할로 되어 가는 듯한 분위기를 엿볼 수가 있다. 그래서 조정을 깨고 대금분할로 갈 수 있도록 청구취지를 변경해 조정을 깨고 변론으로 갈 수 있도록 대금분할을 주장했다. 드디어 현물분할이 아닌 대금분할의 판결문을 받았다. 그 이후 이제 형식적 경매를 신청해 피고를 압박하는 EXIT 플랜으로 해결해야 한다.

주 문

1. 별지 목록 기재 토지를 경매에 부쳐 그 매각대금에서 경매비용을 공제한 나머지 금액을 원고와 피고(선정당사자), 선정자들에게 각 1/4의 비율로 분배한다.
2. 소송비용은 각자 부담한다.

청 구 취 지

별지 목록 기재 토지 10,810㎡ 중 별지 분할도면 표시 1, 2, 3, 4, 1의 각 점을 순차로

- 1 -

1 / 6

연결한 선내 가. 부분 2,702.5㎡를 원고의 소유로, 같은 도면 표시 1, 5, 6, 2, 1의 각 점을 순차로 연결한 선내 나. 부분과 4, 3, 9, 10, 4의 각 점을 순차로 연결한 선내 다. 부분과 6, 7, 8, 9, 3, 2, 6의 각 점을 순차로 연결한 선내 라. 부분(합계 8,107.5㎡)을 피고(선정당사자)와 선정자들의 소유로 분할한다.

이 유

갑 제1호증의 1 내지 4, 제11호증의 각 기재 및 변론 전체의 취지를 종합하면 별지 목록 기재 토지(이하 '이 사건 토지'라 한다)를 원고와 피고(선정당사자), 선정자들(이하 '피고들'이라 한다)이 각 1/4씩 공유하고 있는 사실을 인정할 수 있고, 원고와 피고들 사이에 공유물 분할에 관한 협의가 성립되지 않은 사실은 기록상 명백하다. 따라서 이 사건 토지의 공유자인 원고는 다른 공유자인 피고들을 상대로 민법 제269조 제1항에 따라 공유물의 분할을 청구할 수 있다.

나아가 공유물분할 방법에 관하여 보건대, 갑 제11호증 및 변론 전체의 취지를 종합하면 이 사건 토지 중 원고 소유의 지분에는   명의로   설정되어 있는

그렇다면 이 사건 토지를 대금분할하기로 하여 주문과 같이 판결한다.

판사　　　　　송　　　　　　　◯

안녕하세요
장마철이라 그런지 오늘도 비가 제법 많이왔네요, 댁내 평안하신지요

저는 지난 20 . 6. 일자 　　지방법원 　　지원 경매4계의 20 타경
　　부동산강제경매를 통해 　　　　　　　　　　　　-3번지
609㎡와 같은 　　15번지 602㎡의 토지 가운데 　　지분 각 3분의
1을 낙찰받았습니다.

그리고 지난 20 . 　6일자로 낙찰대금을 완납하고, 같은 달 9일자로 등
기를 완료하여 소유자가 되었습니다.

위와 관련 토지지분 해소를 위하여 상의 드리고자 연락드렸습니다.
경매 등으로 어려우시더라도 오는 20 . 7. 31까지 아래 전화번호로 연락
주시면 고맙겠습니다
　　　　　　　　　　　　　　　　　20 . 7. 23.

소 장

원 고 ○○○
피 고 1. ○○○
피 고 2. ○○○

공유물의 분할 청구의 소

청구취지

1. 별지 목록 기재 부동산 중 ○○○(609㎡)의 별지 분할도면 ①, ②, ③, ④, ①의 각 점을 순차 연결한 선내 ㉮부분(403.67㎡)을 원고의 소유로, 위 같은 부동산 별지 분할도면 ①, ④, ⑤, ⑥, ⑦, ⑧, ①의 각 점을 순차 연결하는 선내 ㉯부분(205.33㎡)과 별지 목록 기재 부동산 중 ○○○(602㎡)의 별지 분할도면 ①, ⑧, ⑦, ⑨, ⑩, ①의 각 점을 순차 연결하는 선내 ㉰부분(602㎡)을 피고 1, 2의 소유로 분할한다.
   (갑 제2호증 부동산 표시, 갑 제8호증 분할도면)

2. 소송비용은 피고가 부담한다.
   라는 판결을 구합니다.

청구원인

1. 원고는 피고들의 별지 목록 기재 부동산의 3분의 1 지분에 대해 ○○일 ○○지방법원 ○○지원 경매 4계 사건번호 2000타경○○○○호로 매수 신청해 매각허가결정을 받아 2000년 7월 6일에 적법한 절차에 따라 잔금을 납부하고 소유권이전등기를 마친 진정한 소유자입니다.

2. 원고는 피고 1과 여러 차례에 걸쳐 별지 목록 부동산의 공유 지분 해소를 위해 전화·우편으로 협의했으나 더 이상 원만하게 진행되지 않아 공유물

의 분할 청구의 소를 제기하기에 이른 것입니다.

3. 앞과 같이 원고는 피고들과 사이에 공유물분할에 관한 합의가 이루어지지 아니하고, 이 사건 부동산은 그 성질상 현물로 분할할 수 있으므로 공유지 지분 비율에 따라 분할하는 것이 최선의 방법이라고 생각합니다.

4. 따라서 원고는 별지 목록 기재 부동산을 청구취지 1항과 같이 분할해서 공유관계를 해소하기 위해 이 사건 청구에 이른 것인바, 원고의 청구를 인용해주시기 바랍니다.

입증 방법

1. 갑 제1호증 등기사항전부증명서
2. 갑 제2호증 부동산 표시
3. 갑 제3호증 임야대장
4. 갑 제4호증 임야도 등본
5. 갑 제5호증 부동산 현황사진
6. 갑 제6호증 원고 내용증명 사본
7. 갑 제7호증 내용증명 수취인 상세 내역
8. 갑 제8호증 분할도면

첨부서류

1. 개별공시지가 확인서
2. 소가 산출 내역
3. 소송대리허가 신청과 소송위임장
4. 주민등록등본

2000. 2.   .

원고 ○○○ (인)

변론 내용

사건번호 2000가단○○○○○ 공유물분할 소송

○ 재판정에서 변론 내용 주요 요지입니다.

재판장은 피고 ○○○과 ○○○ 출석 여부 확인하고 대리인허가신청 및 위임장 제출, 원고대리인 신분 확인을 했습니다.

재판장 : 원고의 공유물 분할 청구에 대해 피고의 입장은 어떻습니까?

피고 : 죄송합니다. 동생을 포함해 4남매가 있는데, 동생이 어떻게 잘못되어서….

재판장 : 그런 것은 필요 없고, 원고의 청구에 대해 어떻게 생각하는지 물어보는 것입니다. 원고가 청구한 것을 받아들이는 것인가요? 아니면 다른 식으로 해결하려고 하나요?

피고 : 이분은 돈을 받을 분이 아니라 지난번에도 통화를 한 번 한 적이 있는데, 옆에 있어 죄송하지만, 자기들이 경매를 봤다고 하더라, 경매를 봐서.

재판장 : 그런 말은 하지 말고, 공유물분할은 공유자 한 명이 분할 청구를 하면 법원은 어떻게든 해결을 해야 해요. 이것을 땅으로 나누던가, 아니면 또 경매로 내보내 그 대금을 나누든가, 아니면 피고가 사든가, 이것에 대해 어떻게 생각하느냐를 물어보는 것입니다. 나누는 것을 동의하나요? 아니면 경매로 돈을 나눌까요?

피고 : 나누는 것보다 저희가 사야죠. 조상들의 묘가 있으니까요. 지난번에 통화를 했는데, 그분이 약 500만 원인가에 경매를 봤다더라고요. 여러 가지 남한테 피해를…. 제가 조상을 볼 수가 없습니다. 사기는 사겠지만, 제 동생이 잘못은 했지만, 사긴 사겠습니다. 어찌 이런 것을 전문적으로 다니면서 보면 (묘소가) 크고 멋있으니까 그렇게 잡아놓고 나서, 저는 잘못되었다고 생각합니다. 아무리 돈이 중요하지만….

재판장 : 법원은 그런 것을 판단하고 싶은데, 그런 것을 판단할 권한이 없

어요.

피고 : 남의 산소까지 싸게 사서 되치기 하는 것은 잘못되었다고 생각합니다.

재판장 : 그런 이유까지 판결할 수 없어서….

피고 : 사긴 사겠습니다. 약 500만 원에 낙찰을 봤다는데, 이것을 쪼갤 수도 없습니다. 쪼개려면 저희 산소가….

재판장 : 피고 말도 일리가 있어요. 쪼개고는 싶지만, 만약 이것저것 안 되면 결국 2가지 방법밖에 없거든요. 다시 경매에 부치는 방법하고, 피고 가 적정한 금액을 원고에게 주고 사는 방법으로 공유물분할하는 방 법이 있어요.

피고 : 이분이 2년 전에 약 500만 원인가에 낙찰받았다고 통화를 했어요. 내 가 여유가 있으면 살려고 생각하고 있습니다.

재판장 : 조정에 회부하겠습니다. 조정일은 2000년 ○○월 22일 14시 45분 ○○○호 조정실입니다. 협의가 되면 끝나고, 안 되면 원고가 하자 는 대로 해야 합니다. 이것도 안 되면 경매로 하겠습니다.

협의 내용

사건번호 2000가단○○○○○ 공유물분할 소송

○ 변론이 끝난 후, 재판정 밖에서 대화 내용 주요 요지입니다.

피고 : 500 얼마에 낙찰받았다고 하지 않았나?

원고 : 660만 원입니다.

피고 : 현찰 400만 원 줄 테니까 그렇게 해. 내가 큰형이야, 끝.

(이때부터 "못난 놈의 새끼, 동생 놈의 새끼" 등 언성을 높이면서 자신의 동생을 욕함. 시끄러워지자 법정 경위가 자리를 옮길 것을 요구해 1층으로 이동함.)

피고 : 산소를 만들 때 동생하고는 관계도 없고, 나는 국가유공자라서 국립묘지 가면 되고, 아버지도 국립묘지 모셨습니다. 손자들이 있으니 잘 모시자고 했습니다.

(계속해서 "내가 잘한 것은 없지. 내 동생이 잘못한 거니까" 등 푸념을 하다가 "형님, 조상 묘소 있는 데는 빼고 조상 묘소 없는 데만 해가라 이거야. 진입로 빼주면 되는 거여"라며 중얼거림)

피고 : 끝내. 내 말대로 끝내. 내 마음 같으면 돈 300만 원 주고 끝내겠지만, 그래도 사람이 그게 아니야! 내 마음 같으면 동생한테 돈 300만 원 줘, 해서 끝내겠지만, 400만 원 만들 테니까 그렇게 끝내.

원고 : 애당초에 경매가 나오지 않도록 해야지. 그게 더 편하지.

피고 : 누가 알았어. 경매 나오는 거 알았어? 몰랐지. 그것을 내가 어떻게 알아?

원고 : 2년 전에 해결하려고 했는데….

피고 : 그때 그 새끼(동생) 때문에 화가 많이 나 있었지.

원고 : 아까 400만 원이라는 것이 600만 원 더하기 400만 원을 말하는 것인가요?

피고 : 아니지! 그럼 안 되지, 안 돼. 손해 볼 때는 봐야지.

원고 : 시세라는 게 있잖아요.

피고 : 시세라는 거는 없어. 막말로 400만 원에 내 지분 사실려? 300만 원만 줘도 줄 테니까.

원고 : 시세를 잘 생각해보고 7월까지 연락주세요.

10여 분 동안 대화한 후, 헤어졌습니다.

지난 6월 24일 변론기일 종료 후 피고는 400만 원을 제시한 후 헤어졌는데, 어저께 피고가 전화가 와서 낙찰금인 660만 원에 해결하자는 제안을 해왔습니다.

저는 앞서 시세를 생각해줄 것을 요청했고, 주변 ○○면 전체 국토교통부 실거래가와 감정평가금액을 계산한 결과, 현재 시세는 대략 2,000만 원(원고지분 1/3)이므로 1,500만 원을 제시하고 전화통화를 끝냈습니다.

(붙임 관련 자료 참조)

물론 제시금 전부를 받을 생각이 아니라 조정과정을 염두에 둔 제시금입니다.

조정 시 청구금액 산정

조정 시 청구금액 : 17,683,425원

○ 대상 토지지분
　　○○○ 산○○-3번지 609㎡ 중 203㎡(1/3)
　　○○○ 산○○-15번지 602㎡ 중 200.7㎡(1/3)

○ 대상 토지 거래가액 33,000,000원(1,211㎡)
　　※ 거래일시 2007년 5월 8일 소유권이전 등기

○ 경매 토지 감정가격 11,308,200원(1,211㎡ 중 공유 지분 1/3)

○ 인근 토지(임야) 최근 실거래가액
　- 실거래 토지(임야) 5개 물건 평균 43,807원(㎡당)

물건 번호	소재지	실거래가격	거래면적 (3.3㎡)	평당가격 (3.3㎡)	㎡당 가격
1	○○ 산 258-7	130,000,000	500.03	259,984	78,783
2	○○ 산 27-3	35,000,000	262.57	133,298	40,393
3	○○ 산 243-3	75,000,000	510.62	146,881	44,509
4	○○ 산 258-5	42,000,000	441.05	95,229	28,857
5	○○ 산 198-8	26,000,000	297.36	87,437	26,496
				평균가격 (㎡당)	43,807

○ 청구금액 산정(실거래가 기초)
　실거래가 평균 × 면적 ÷ 원고 공유 지분 = 17,683,425원
　43,807원(㎡당) × 1,211(㎡) × 1/3 = 17,683,425원

인근 토지(임야) 실거래가 확인

국토교통부 실거래가 ㎡ 평균 74,150원
감정평가서 실거래가 ㎡ 평균 27,628원

국토교통부 74,150원 × 감정평가서 27,628원 ÷ 2 = ㎡ 평균 50,889원
㎡ 평균 50,889원 × 총면적 1,211㎡ ÷ 원고 지분 1/3(403.7㎡)
= 20,542,193원

○ 국토교통부 실거래가(2022년도)

물건 번호	거래일시	소재지	거래면적 (㎡)	실거래 가격(원)	㎡당 가격
1	2022.01월	○○ 산7*	1,138	150,000,000	131,810
2	2022.01월	○○ 산7*	2,976	400,000,000	134,408
3	2022.01월	○○ 산1**	34,512	100,000,000	2,897
4	2022.01월	○○ 산1**	495	8,000,000	16,161
5	2022.01월	○○ 산1**	5,363	116,000,000	21,629
6	2022.01월	○○ 산1**	2,968	64,000,000	21,563
7	2022.01월	○○ 산*	1,924	17,460,000	9,074
8	2022.01월	○○ 산1**	11,167	95,000,000	8,507
9	2022.02월	○○ 산9*	4,637	140,000,000	30,191
10	2022.02월	○○ 산*	11,405	32,000,000	2,805
11	2022.02월	○○ 산2**	2,269	70,000,000	30,850
12	2022.03월	○○ 산1**	548	170,000,000	310,218
13	2022.03월	○○ 산2**	1,162	17,200,000	14,802
14	2022.03월	○○ 산2**	831	2,510,000	3,020
15	2022.04월	○○ 산2**	668	105,200,000	157,485

물건 번호	거래일시	소재지	거래면적 (㎡)	실거래 가격(원)	㎡당 가격
16	2022.04월	○○ 산2**	1,081	9,850,000	9,111
17	2022.05월	○○ 산1**	226	46,210,000	204,469
18	2022.05월	○○ 산5*	375	55,000,000	146,666
19	2022.05월	○○ 산5*	375	55,000,000	146,666
20	2022.05월	○○ 산7*	9,917	80,000,000	80,669
			㎡당 평균가격	74,150	1,483,001

○ 감정평가서 실거래가

물건 번호	거래일시	소재지	지목	용도지역	㎡당 가격
1	2018.08.23	○○ 산***-*	임	계획관리	26,450
2	2017.05.02	○○ 산***-*	임	계획관리	28,807
			㎡당 평균가격	27,628	55,257

○ 낙찰금액 : 6,610,000원   ○ 감정평가금액 : 11,308,200원

○ 청구금액 : 15,000,000원

□ 조정 시 요구할 사항

○ 매매대금은 일시불 지급

○ 동시이행조건
  ※ 동시이행 위반 시 이행강제금(또는 손해보전금), 익일부터 연 12%의
    이자 지급

△ 할부 시, 기일 내 지급하지 않을 경우, 지연이자 연 12% 지급

○ 등기비용은 피고 부담으로 한다.

○ 소송비용은 각자 부담으로 한다.

□ 조정조서 견본

① 원고는 별지목록 부동산을 100만 원에 매도하고, 피고들은 이를 매수한다.
② 피고들은 7월 31일까지 연대해 원고에게 ①항 기재 매매대금 100만 원을
   지급한다.
③ 원고는 7월 31일까지 별지 목록 부동산 소유권을 피고에게 이전등기를
   이행한다.
④ 피고들은 ②, ③항을 동시이행한다.
   단 동시이행하지 않은 때에는 이행강제금(또는 손해보전금)으로 익일부
   터 연 12%의 이자를 원고에게 지급한다.
⑤ 등기비용은 피고 부담으로 한다.
⑥ 소송비용은 각자 부담으로 한다.

○○건 조정기일이 7월 22일(금)입니다.

조정장에 출석, 붙임 자료를 제출해 청구금액 1,500만 원을 제시하려 합니다(피고는 660만 원, 원고는 1,500만 원 제시함). 관련해서 여쭙고자 하는 것은 조정장에서 재판장님께 자료를 직접 드리는 것이 좋을까요? 아니면 전자 소송으로 조정기일 전날에 제출한 후, 재차 조정장에서 드리는 것이 좋을까요? 또 한 가지는 조정장에서 재판장님께 요구할 사항을 요약했는데, 빠트린 것이 있는지 확인해주세요. 조정장에서 한 번에 끝났으면 좋겠습니다.

이후 부동산 매매계약으로 마무리했다.

05

측량

    결국 본건은 타 공유자와 공유물분할 계약서를 작성해서 측량을 통해서 그것을 근거로 지자체에 분할등기 등록을 해서 온전한 단독 지분을 갖게 되었고, 그 지역의 부동산 중개업소를 통해서 고가에 지분을 매도한 성공적인 사례.

존경하는 교수님. 제자 ○○○입니다.

작년 4월 말 낙찰받은 ○○농지에 대한 현재 진행 상황 및 준비서면을 작성하기 전에 고견을 문의합니다.

* 현재 진행 상황에 대해 간략하게 보고드립니다.

1차, 2차 변론기일 때 피고들 불참

피고 - 이 사건의 토지는 전주 ○○의 종중 토지여서, 매수 의사를 답변서를 통해 접수한 후 가격 협상을 함.

원고 - 감정가격 5,550만 원이므로, 큰 이윤을 바라지 않기에 4,500만 원을 제시함.

피고 - 원고가 낙찰받은 금액(2,570만 원)에 조금 이윤을 붙여서, 3,000만 원 초반 대를 제시함.

원고 - 최소한 4,000만 원을 주장함.

피고 - 3,500만 원을 제시함.

* 가격 협상이 되지 않음.

　(피고 1 큰형님(○○○) 지분 토지를 매수하지 않으면, 경매당한 ○○○이가 종중에서 빠 지게 되므로 원고의 지분을 매수했으면 한다고 함.)

3차 변론기일 (04월 01일)

판사 - 피고들은 왜 1차, 2차 변론기일에 참석하지 않았느냐고 따져 물음.

피고 - 저희가 시골 사람들이라서, 법에 대해 무지해서 그랬다고 변명함.

판사 - 그럼 원고가 원하는 대로 분할해주면 되느냐고 물어봄.

피고 - 원고가 원하는 대로 분할이 될 경우 알박기 형태가 되어, 토지의 가치가 현 저히 낮아진다고 함.

판사 - 그럼 형식적 경매를 통해 공평하게 대금을 분할해 가면 어떠냐고 물어봄.

피고 - 이 토지는 ○○○의 종중 토지여서, 그럴 수 없다고 함.

판사 - 그럼 피고들의 토지를 원고에게 매매할 의사도 없냐고 물어봄.

피고 - 종중 토지여서, 매매를 할 수도 해도 안 되는 토지라고 함.

판사 - 다음 변론기일을 정할 테니, 그 전에 피고가 원하는 주장으로 준비서면을 제출하라고 명함.

* 피고 2 친형(○○○)이 나타나, 매매할 의사가 있다고 했는데, 원고가 제시한 금 액을 수용하지 않는다면, 현물분할을 주장하겠다고 함.

그에 대한 준비서면을 5월 21일자로 접수함.

원고(○○○) 준비서면 토지 발취

피고들이 보내온 답변서 (3월 31일) 내용 발취

청구원인에 대한 답변

1. 이 사건 토지는 종중에서 피고들에게 명의신탁된 토지입니다.

　가. 이 사건 토지는 ████████ 외가 피고들 및 소외 █████ 에게 명의신탁한 토지입니다. 위 ███ 이 채무가 있어서 경매가 진행되어 원고가 위 █ █ 의 공유지분 3분의 1을 취득하였습니다.

　나. 종중 입장에서는 위 █████ 의 공유지분을 원고로부터 매입할 의사를 가지고 있습니다. 원고가 낙찰받은 금액에 비용과 약간의 이익을 더하여 매매가를 제시하면 위 █████ 의 지분을 매입할 수 있습니다 l.

* 문의사항

1. 피고가 제출한 준비서면 항목별로 반박하는 준비서면을 제출해야 하는지요?
　다음과 같이 간단히 준비서면을 작성해서 제출해도 되는지 문의드립니다.

원고는 피고들과 이 사건 토지의 처분에 관해 공유자들과 매도하고자 논의했으나, 결론을 내지 못했습니다. 이에 원고는 법원의 중재로 원고의 지분이 피고에게 적절한 금액으로 매도할 수 있게 화해와 조정을 할 의사가 있습니다.

조정으로 결론이 나지 않을 경우, 형식적 경매로 매각해 대금분할할 수 있도록 요청드립니다.

검토 부탁드립니다.

토지도면

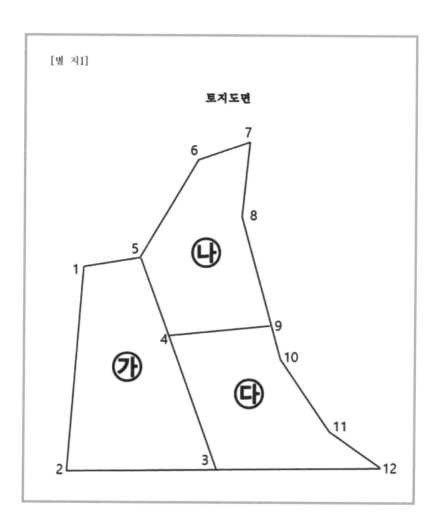

존경하는 교수님.

제자 ○○○입니다.
금일 ○○농지지분 4차 변론기일 보고드립니다.

일시 : 2000년 ○○월 ○○일 목요일 14시 40분
장소 : ○○지방법원

판사 : 원고, 피고가 제출한 준비서면의 토지도면 4가지 분할사항을 보시면서, 이 도면 중에 분할해서 가져갈 만한 토지가 있습니까?

원고 : 피고가 주장하는 토지의 도면은 다른 번지의 논과 근접해 있어서, 활용가치가 현저하게 떨어지며, 토지 접근 시 이동경로가 불편합니다.

판사 : 원고가 주장하는 토지로 분할 시 피고가 소유하고 있는 옆 토지와 경계면에 있어서, 피고들에게 토지 활용이 좋지 않아 보입니다.
(판사님이 피고들의 주장을 들어주시는 흐름으로 주도함.)
판사 : 원고가 주장하는 토지의 부분도 위/아래/옆부분에 다른 토지의 소유자가 있기 때문에 차이가 없는 것 같습니다.
(판사님이 아래 토지 부분을 분할해가는 것이 어떤지 약 3분가량 이야기함.)

판사 : 피고들, 이렇게 분할하면 어떤지요?
피고 : 이렇게 분할해주시면 괜찮습니다.
판사 : 원고, 동의하십니까?
원고 : 판사님이 제안해주시는 토지 부분은 이동경로와 오른쪽 토지의 부정형으로 이용가치가 현저히 낮아져서, 동의하기가 어렵습니다.
판사 : 그러면 원고와 피고의 주장이 서로 상반되니 토지 측량을 해서 공평한 토지 부분을 제시하시기 바랍니다. 토지 측량을 제출한 후 판결 시 소송비용과 측량비용은 각자 부담하는 것으로 판결이 되어질 것입니다.

피고 : 원고가 제시하는 매도금액(4,000만 원)이 높아서 협의가 되지 못했고, 원고
가 제출한 준비서면 내용과 같이 저희도 화해와 조정을 통해 합의할 의사가
있습니다.

판가 : 지금 원고, 피고가 협의가 되지 않기 때문에 정확한 측량을 해서 공평하게
분할하려고 하는 것 아닙니까? 토지 측량한 문서를 제출한 후 변론기일을
잡도록 하겠습니다.

* 문의사항

피고와 연락을 해서 가격 협상을 다시 시도해보는 게 좋을지, 조정과 화해 신청을
해서 조정일자를 요청하는 게 좋을지 교수님의 고견을 부탁드립니다(개인적인 소견
으로는 피고들이 제시하는 금액(3,500만 원) 이상으로는 피고들이 협의하지는 않을 것
같습니다).

이상입니다.

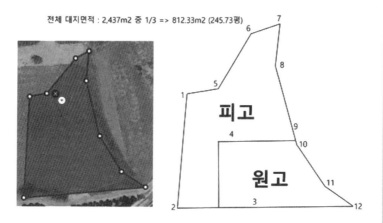

전체 대지면적 : 2,437m2 중 1/3 => 812.33m2 (245.73평)

2021.06.17   변론기일(제21호 법정(제4신관 3층) 14:40)   속행
추정기일(추정사유:감정,조회,촉탁등결과도착을기다리기위하여)

공유물 분할계약서

공유자   과   와 「   」공유물의 분할방법을 다음과 같이 체결한다.

제 1 조 [공유물의 표시]

        과   가   이 3분의 1 균등한 지분으로 공유하고 있는

부동산은 다음과 같다.

    1. 주 소 : 경기도

    2. 토 지 : 전 2,437㎡

제 2 조 [분할의 방법]

    위 공유부동산은 3분의 1씩 측량하여 균분하게 분할한다.

제 3 조 [분할의 표시]

    위 공유부동산을 기준으로 하여 분할하되 당사자간에 동일한 면적으로 하며

그 분할선은 별지 도면과 같다.

제 4 조 [분할의 절차]

    분할로 인한 비용은 쌍방이 균분하여 부담한다. 분필로 인하여 소유권

이전 등기절차에 필요한 서류는 상호 교환하여야 한다.

제 5 조 [분할의 시기]

    분할절차는 2022년 06월30일까지 완료하고 동일분할이 이루어지는 것으로

한다.

제 6 조 [담보책임]

    분할된 이후 1년 이내에 분할된 부분에 관하여 공유로 인한 권리관계를

결국 본건은 타 공유자와 공유물분할 계약서를 작성해서 측량을 통해서 그것을 근거로 지자체에 분할등기 등록을 해서 온전한 단독 지분을 갖게 되었고, 그 지역의 부동산 중개업소를 통해서 고가에 지분을 매도한 성공적인 사례다.

부 동 산 매 매 계 약 서

매도인과 매수인 쌍방은 아래 표시 부동산에 관하여 다음 계약 내용과 같이 매매계약을 체결한다.

1.부동산의 표시

소 재 지	경기도					
토 지	지 목	전	대지권		면 적	812 ㎡
건 물	구조·용도		면 적			

2. 계약내용

제 1 조 (목적) 위 부동산의 매매에 대하여 매도인과 매수인은 합의에 의하여 매매대금을 아래와 같이 지불하기로 한다.

매매대금	금사천삼백만	원정(₩ 43,000,000)			
계 약 금	금일천만	원정은 계약시에 지불하고 영수함. 영수자(		영수	⑩
융 자 금	금	원정을 승계키로 한다.	임대보증금	총	원정
중 도 금	금	원정은 20 년 월 일에 지불하며			
	금	원정은 년 월 일에 지불한다.			
잔 금	금삼천삼백만	원정은 2022 년 08 월 29 일에 지불한다.			

제 2 조 (소유권 이전 등) 매도인은 매매대금의 잔금 수령과 동시에 매수인에게 소유권이전등기에 필요한 모든 서류를 교부하고 등기절차에 협력하며, 위 부동산의 인도일은 20   년   월   일로 한다.

제 3 조 (제한물권 등의 소멸) 매도인은 위의 부동산에 설정된 저당권, 지상권, 임차권 등 소유권의 행사를 제한하는 사유가 있거나, 제세공과 기타 부담금의 미납금 등이 있을 때에는 잔금 수수일까지 그 권리의 하자 및 부담 등을 제거하여 완전한 소유권을 매수인에게 이전한다. 다만, 승계하기로 합의하는 권리 및 금액은 그러하지 아니하다.

제 4 조 (지방세 등) 위 부동산에 관하여 발생한 수익의 귀속과 제세공과금 등의 부담은 위 부동산의 인도일을 기준으로 하되, 지방세의 납부의무 및 납부책임은 지방세법의 규정에 의한다.

제 5 조 (계약의 해제) 매수인이 매도인에게 중도금(중도금이 없을때에는 잔금)을 지불하기 전까지 매도인은 계약금의 배액을 상환하고, 매수인은 계약금을 포기하고 본 계약을 해제할 수 있다.

제 6 조 (채무불이행과 손해배상) 매도인 또는 매수인이 본 계약상의 내용에 대하여 불이행이 있을 경우 그 상대방은 불이행한자에 대하여 서면으로 최고하고 계약을 해제할 수 있다. 그리고 계약당사자는 계약해제에 따른 손해배상을 각각 상대방에게 청구할 수 있으며, 손해배상에 대하여 별도의 약정이 없는 한 계약금을 손해배상의 기준으로 본다.

특약사항 1. 현 시설물 상태에서 매매한다.
2. 등기사항증명서상 근저당권설정 채권최고액 금일백이십만원설정 상태이여 잔금시 상환 말소하기로 한다.
3. 잔금일은 8월 29일로 하되 농지취득자경증명이 나오는즉시 잔금키로 한다.
4.기타 사항은 부동산매매 관례에 따르기로 한다.

본 계약을 증명하기 위하여 계약 당사자가 이의 없음을 확인하고 각각 서명·날인 후 매도인, 매수인 및 중개업자는 매장마다 간인하여야 하며, 각각 1통씩 보관한다.

2022 년 08 월 04 일

매도인	주 소						⑩
	주민등록번호			전 화	-0009	성 명	⑩
	공동명의인	주소		주민등록번호		성 명	
매수인	주 소						⑩
	법인등록번호			전 화	010 503	성 명	
	대 리 인	주소		주민등록번호		성 명	
중개업자	사무소소재지			사무소소재지			
	사무소명칭			사무소명칭			
	대 표	서명·날인	⑩	대 표	서명·날인		⑩
	등 록 번 호		전화	등 록 번 호		전화	
	소속공인중개사	서명·날인	⑩	소속공인중개사	서명·날인		⑩

지분경매 +
법정지상권

01

법정지상권이
염려되나요?

공유 지분 토지가 경매로 물건이 나왔다. 이 지분 토지 위에 법정지상권 성립 여지가 있는 건물이 있는 경우가 많이 보이는데, 법정지상권이 염려되어 함부로 낙찰받기가 힘든 경우를 많이 볼 것이다.

일단 2가지 사례에 대한 정확한 판례에 대해 먼저 살펴보자.

1) **토지(A+B)와 건물(A+B)**을 함께 공유하던 사람 중 A의 건물이나 **토지의 일부 지분**만이 매매나 증여, 경매 등으로 소유자가 C로 바뀐 경우(X)
2) **토지(A+B)와 건물(A+B)**을 함께 공유하던 사람 중 A+B의 **건물이나 토지 모두**가 매매나 증여, 경매 등으로 소유자가 C로 바뀐 경우(O)

일단 1)번의 경우, 건물이나 토지의 일부 지분만이 매매나 증여, 경매 등으로 소유자가 C로 바뀐 경우를 공부해본다.

토지(A+B)와 건물(A+B)을 함께 공유하던 사람 중 A의 건물 일부 지분만이 매매나 증여, 경매 등으로 소유자가 바뀌면서 C에게 양도한 경우, **관습법상 법정지상권 성립을 인정할 수 없다는 대법원 판결이 있다.(X)**

종래 대법원 판례 중에는 토지 공유자 중 A가 지상에 단독으로 보유한 건물의 소유권 (A)을 타인(C)에게 양도한 경우 법정지상권 성립을 부정한 사례가 있었는데, 이 같은 법리가 공유 건물에 대해서도 그대로 적용됨을 밝힌 첫 판결이다.

최근 대법원은 토지와 그 지상 건물이 모두 동일한 소유자가 공유하고 있다가 건물 공유자 중 1인이 타인에게 건물의 공유 지분을 증여함으로써 건물과 토지의 공유자가 변경된 경우, 건물의 공유 지분을 취득한 자에게 관습법상 법정지상권이 성립되는지 여부에 대해, 성립하지 않는다고 판결했다.
(2022년 8월 31일 선고 2018다218601 판결)

2022년 8월 31일 선고 2018다218601 판결을 보면, 건물의 일부 지분만이 증여에 의해서 소유권이 바뀐 경우에서 건물의 공유 지분을 취득한 자에게 관습법상 법정지상권이 성립되는지 여부에 대해 '성립하지 않는다'라고 판결했다.

다음 2)번의 경우, 지분인 건물이나 토지 중 지분 모두가 매매나 증여, 경매 등으로 소유자가 C로 바뀐 경우를 보자.

토지나 건물 지분 전체가 타인에게 이전되면 법정지상권이 성립하게 되는 점에 유의해야 한다.
즉, 토지 지분 전부를 C에게 이전하면 건물 공유자 A, B는 **법정지상권을 가지게 된다.**
그러나 처음부터 토지와 건물의 공유자가 동일하지 않으면 **법정지상권이 성립될 여지가 없다.**

토지 소유자가 그 지상 건물을 타인과 공유하면서 그 단독 소유의 토지만을 타인에게 매도한 경우에는 법정지상권이 성립한다고 본다(대판 76다388).

토지를 타인에게 매도할 때 지상 건물을 철거한다는 조건이 없는 한, 토지 매수인은 건물 공유자들을 위해 법정지상권을 받아야 한다는 점이 중요한 사항이다.

이 2가지 경우를 생각하면서 풀어보자! 중요한 부분이 지분의 일부 소유권이 변경되었는지, 지분 전부가 변경되었는지 파악하는 것이 중요하다.

지분 일부가 바뀌면 법정지상권 성립이 되지 않고(X), 지분 전부가 바뀌면 법정지상권이 성립한다는 것이(O) 골자다.

토지 또는 건물이 공유 지분인데, **일부 지분권자**가 토지와 건물 모두에 소유권이 있는 경우, 그 후 토지 또는 건물이 매매 등으로 소유자가 달라졌을 때 법정지상권이 성립하는지 여부는 매매 등 당시에 토지와 건물의 소유자가 같아야 한다는 요건이 충족되는지 여부가 쟁점이 될 것인데, 누구에게 부당하거나 불측의 손해를 입히는 것이 아닌지를 기준으로 판단하면 될 것이다.

① 토지 소유자가 1명이고, 건물은 토지 소유자 1명을 포함해 여러 명이 공유하고 있는 경우(전부 이전인 경우)

예를 들어, 토지 소유자는 A이고, 건물 소유자는 A, B가 각 지분 1/2씩 공유하고 있는 경우, 즉 토지를 단독으로 소유하고 있는 자가 건물을 공유로 소유하고 있는 경우를 생각해볼 수 있다.

이때 토지 소유자 A가 그 토지를 C에게 매도했을 때, C가 건물 소유자들을 상대로 토지 인도 및 건물철거소송을 제기할 수 있는지, 아니면 건물 소유자들에게 관습법상 법정지상권이 성립하는지와 관련해서, 결론부터 말하면, 이 경우 토지 매도 당시에 토지와 건물의 소유자가 동일해야 한다는 요건이 충족된다고 봐서, 건물 소유자 A, B는 토지의 새로운 소유자에게도 관습법상의 법정지상권을 주장해 토지를 계속 점유 사용할 수 있다.

토지를 단독으로 소유하고 있던 A는 자기 토지 위에 건물이 있을 때, 이미 자기뿐만 아니라 건물의 다른 공유자들을 위해서도 해당 토지의 이용을 인정하고 있었던 것이고, 해당 토지의 새로운 소유자 역시 그러한 관습법상 법정지상권의 부담을 예상할 수 있었기에 부당함이 없고, 누가 특별히 손해를 입지 않는다는 것이 주된 관점이다.

앞의 사례는 관습법상 법정지상권 사례이나, 법정지상권의 경우도 동일하다(대법원 76다388 판결, 대법원 2010다67159 판결, 대법원 2022.7.21. 선고 2017다236749 전원합의체 판결).

② 건물 소유자가 1명이고, 토지는 건물 소유자 1명을 포함해 여러 명이 공유하고 있는 경우(일부 이전인 경우)

위 사례와 반대의 경우,

예를 들어 A, B, C가 토지를 각 지분 1/3씩 공유하고 있었는데, A가 B의 동의를 얻어 과반수 지분을 확보하여 토지의 관리행위로서 건물을 신축하기로 했고(이때 C는 동의하지 않음), A가 위 건물의 소유자가 된 경우를 생각해볼 수 있다.

참고로, 부동산이 공유물인 경우, 공유물 전부의 처분 또는 변경을 하기 위해서는 공유자 전원의 동의가 필요하지만, 관리행위는 지분의 과반수로서 결정할 수 있다.

결론부터 말하면, 이 경우는 그 후 토지와 건물의 소유자가 달라지게 되면, 건물의 소유자는 토지 소유자를 상대로 관습법상의 법정지상권을 주장할 수 없다.

A는 토지 위에 건물을 신축할 때 토지 공유자 중의 한 명인 C의 동의를 얻지 않았는데, 그럼에도 불구하고 C에 대해서도 법정지상권의 성립을 인정하게 되면, 이는 토지 공유자의 1인으로 하여금 자신의 지분을 제외한 다른 공유자의 지분에 대해서까지 지상권설정의 처분행위를 허용하는 셈이 되어 부당하다는 것이 주된 관점이다(대법원 92다55756 판결, 대법원 2011다73038 판결 등).

결국 소유권 일부가 바뀌면 법정지상권 성립이 되지 않고(X), 소유권 전부가 바뀌면 법정지상권이 성립한다는 것이(O) 골자다.

02

지분+법정지상권 문제는
공유물분할 소송으로 해결

지분 + 법정지상권 물건을 분석해보자.

대지 지분 2/12만이 공매로 나온 사안이다. 물론 토지 위에 건물이 존재하고 있는 공매 물건이다.

공매 물건 번호 : 2000-10000-001

물건 위치 : 경기도 ○○○ 대지 2/12 지분 → 대지 위에 단독주택이 있다.

감정가격 : 33,862,000원(유찰 0회이며, 다음 주부터 공매 시작)

위치 분석 : ○○선 ○○역에서 약 10분 이내이며, ○○재개발 구역(○○ 3구역)에는 포함되지 못했으나, 바로 옆에 위치하고 있다. ○○역 부근은 ○○신도시 바로 밑에 위치하고 있고, 현재 재개발이 진행 예정인 곳이 엄청 많아서, 향후 발전이 예상되는 지역이다.

나머지 지분권자는 모두 형제들이다. 그리고 현재 위의 건물에 어머니인 ○○○의 주소가 들어가 있으므로, 그곳에 거주하거나 하지 않더라도 적어도 건물의 주인인 것은 확인했다.

등기부 분석을 보면, 2/12의 지분이 최초에는 ○○○의 소유였으며, 국가에서 이 지분에 2000년에 압류를 걸어서 공매가 나온 것이다. 하지만 ○○○이 그 이후에 2000년에 위 지분을 형제인 ○○○에게 증여한 상태이며, 현재 위 지분의 소유자는 ○○○이다.

등기부등본을 분석해보면, 나머지 지분권자인 ○○○의 주민번호가 없다. 사망자인 것으로 추정되므로 향후 송달 등에 시간이 많이 걸릴 것으로 추정된다. 나머지 지분권자인 ○○○의 지분에 압류 및 가압류(국가 & 경기신용보증 재단)가 있다. 이상이 이 물건의 개요다.

앞으로 낙찰받아 해결해나갈 전략은 다음과 같다.

> 1. 토지 위의 건물은 놔두고 토지 지분에 대한 공유물분할 소송 및 지분 매도 – 나머지 지분권자가 형제들이며, 그 위의 건물 역시 어머니가 거주(또는 적어도 소유)하고 있으므로, 가족 구성원으로 된 물건이므로 토지 지분을 타 공유자에게 매도하기가 괜찮을 것 같다.
>
> 2. 지분 투자는 무엇보다 상대 지분권자가 매우 간절히 필요로 하는 지분을 최우선 선별해 낙찰받아야 한다. 지상 위의 건물에 토지 지분권자의 어머니가 거주하므로 반드시 토지 지분을 매수해야 할 필요가 있는 물건이다.
>
> 상대방이 나의 지분을 갖지 못했을 경우, 재산권 행사 등 여러 가지 면에서 불편함을 느끼게 되면, 나에게 유리한 위치에서 협상을 주도할 수도 있다.
>
> 지분물건의 해결은 소송보다는 협상으로 해결하려는 의지가 중요하다. 낙찰받은 토지 지분의 가치에 대한 정확한 설명과 설득을 통해 상대방을 설득해야 단기간에 해결 및 승부를 볼 수 있다.
>
> 협상이 여의치 않을 경우 취할 수 있는 방법은 법원에 공유물분할 청구 소송으로 진행하는 것이다. 토지는 기본적으로는 현물분할을 원칙으로 하지만, 본건 토지는 지

상에 건물이 존재하므로 현물분할 할 수 없는 경우이므로 상대방 타 공유자가 매수할 확률이 높은 물건이다.

또 다른 지분경매 + 법정지상권 물건을 살펴보자.

현 물건은 토지만 1/5지분이 공매로 나와 있다. 토지 위에는 신축한 지 얼마 되지 않은 넓은 앞마당과 태양광 시설도 되어 있는 전원주택이 있다.

토지 현황 조사서

사건번호	○○○○○	입찰일	2000년 11월 ○○일
지목/ 총면적	대지/1117㎡	지분면적	203.1㎡(61.4평) (총면적의 1/5)
감정가격	26,199,000원	최저입찰가격	26,199,000원(1차)
타 공유자 인원	4명	평단가	426,693원
주 소			경기도

◆ 대상 물건의 요약 내용 ◆

1) 위치 및 부근의 상황
- 경기도 ○○의 남쪽에 위치하며 ○○에 가까울 정도로 조용한 시골 마을임.
  마을 분위기는 정돈이 잘되어 있고 새로 지은 전원주택 비슷한 주택이 많아 서울에서 세컨 하우스 개념으로 많이 온 듯 보임.
  물건지 역시 새로 지은 지 얼마 되지 않아 보이며, 현 물건은 토지만 지분으로 나와 있음.

2) 이용 상황
  현재 물건지는 신축한 지 얼마 되지 않은 깔끔하게 지어진 앞마당이 넓고 태양광 시설도 되어 있는 전원주택이 있음.

3) 타 공유자 정보(4명) 1990년에 상속받음(아버지 ○○○).

◆ 현황 ◆

1) 최근 어머니 ○○○이 고인이 되신 듯함. 아들 중 이○○은 최근 본 물건지 경매를 당했다 취하한 이력이 있음. 이○○은 자가에 살며 대출도 없는

것으로 봐서는 경제력이 있어 보임. 장남인 이○○은 비자가임. 현재 이 주택에 임차인이 있다고 되어 있고, 현장 답사 시 상황으로 봤을 때 거주하는 사람이 있는 것으로 판단됨.

온비드 등기사항증명서 주요정보

순번	권리종류	권리자명	등기일자	설정액
1	위임기관	남*****	2016.04.25	
2	공유자	(망)***		미표시
3	공유자	이**		미표시
4	공유자	이**		미표시
5	공유자	이**		미표시

◆ 해결 프로세스 ◆

1) 사실상 이 물건은 매수가 되느냐, 안 되느냐의 문제 같음.
   주택에 임차인이 거주하긴 하지만, 건물을 포기하기에는 건물이 너무 새 건물이며 이 물건의 값이 전체 대비 소액이라 부담이 없어 보임.

2) 해결은 협상으로 접근해서 공유물분할과 지료청구가 있어 보임.
   단, 망자가 있어 대위등기에 어려움이 있을 듯함.
   상속은 현재 상황상 아들 4형제인 공유자들에게 상속이 될 것 같음.

3) 부동산 시세 통화 내용
   조성되어 있는 대지 평당 50만 원
   원형지 전답 25만 원
   이 토지의 경우 50만 원 이상은 호가될 듯합니다.

실전반 제자가 낙찰받은 3번째 '지분경매+법정지상권' 물건을 소개한다.

사건번호 : ○○지원 2000 타경○○○○

타 공유자 ○○○, 내용증명 2회 발송

해당 집에 ○○○(딸), ○○○(아버지), ○○○(알 수 없음), 이름은 모르는 어머니까지 4명 정도 사시는 것 같습니다. 낙찰 직후에 ○○○ 씨(아버지)에게 연락이 와서 1번 대화했는데 지금 자신이 일도 못 하고 있고 뭐 죽는다 그런 소리도 한 번 했던 것 같고 그런데, 내용증명 2회차의 수취인이 ○○○(아버지) 씨의 회사 동료인 것을 확인해서, 일은 하는 것으로 보였습니다.

하지만 제가 느낀 바로는 ○○○ 씨는 경제적 능력이 없고 뭔가 결정권이 없는 것으로 보였습니다. 그런데 제일 중요한 타 공유자 ○○○의 정보가 없고 전화번호도 모르고 여기 사는 것인지 알 수 없어 확인은 못 했어요. 그리고 대지, 농지 2필지를 낙찰받아서 각 2개로 만들었습니다.

바쁘신 와중에 신경 써주셔서 감사드리고 건강 조심하세요.

제자 ○○○ 드림

내용증명 2회 발송 후, 별다른 타 공유자의 대응 및 연락처조차 몰라 바로 건물 아래 토지에 대해서만 공유물분할 소송을 진행했다.

소장

원고 김○○
     ○○○○○○
피고 ○○○
     ○○○○○○

공유물분할 청구의 소 (대금분할)

소가 : 6,090,911원

인지대	30,400원
송달료	96,000원

- 인지대 30,400원
- 송달료 96,000원
- 소가 6,090,911원 = 54,818,200원×1/3(원고의 공유 지분 비율 223.37m^2)×
                      1/3
- 목적물가액 = 대지시가표준
- 대지시가표준 : 54,818,200원 = 공시지가×면적
  54,818,200원 = (62,100원×668m^2) + (29,900원×446m^2)
- 원본 + 부본 3부

○○지방법원 ○○지원 귀중

소장

원고　○○○
　　　　○○○○○○
피고　○○○
　　　　○○○○○○

목적물의 표시 : 별지 기재와 같음
목적물의 가액 : 54,818,200원
피보전 권리의 요지 : 공유물분할 청구의 소(대금분할)

청 구 취 지

1. 별지 목록 기재 부동산을 경매에 부쳐 원고 ○○○에게 3분의 1을, 피고 ○○○에게 3분의 2의 비율로 배당한다.
2. 소송비용은 피고들의 부담으로 한다.

라는 판결을 구합니다.

청 구 이 유

1. 원고는 피고들의 별지 목록 기재 부동산의 3분의 1에 대해 ○○○ ○○○ 지방법원 ○○지원 경매 3계 사건번호 2000타경1000호로 매수 신청해 매각허가결정을 받아 2000 적법한 절차에 따라 잔금을 납부하고 소유권 이전등기를 마친 진정한 소유권자입니다.

2. 그러나 원고는 피고에게 여러 차례에 걸쳐 별지 목록 부동산의 공유 지분 해소 문제에 대해 협의할 것을 요청했고, 실제 몇 차례 협의시도 했으나 더 이상 원만하게 진행되지 않아 공유물분할 청구의 소를 제기하기에 이 른 것입니다.

3. 앞과 같이 원고와 피고 사이에 공유물분할에 관한 합의가 이루어지지 아니하고 이 사건 부동산은 단독주택으로서 그 성질상 현물로 분할할 수 없으므로 별지목록 기재의 부동산을 경매해 그 매각대금을 공유 지분 비율에 따라 분할하는 것이 최선의 방법이라고 생각합니다.

4. 따라서 원고는 별지 목록 기재 부동산을 경매에 부쳐서 공유 지분에 따라 원고와 피고들에게 배당되도록 해서, 공유관계를 해소하기 위해 이 사건 청구에 이른 것입니다.

입 증 방 법

1. 갑 제1호증   내용증명사본 2통
1. 갑 제2호증   토지대장(공시지가)
1. 갑 제3호증   토지등기부등본
1. 갑 제4호증   부동산등기부등본

첨 부 서 류

1. 위 입증 방법   각 1통
1. 송달료납부서   1통

2000. 4. 3

위 원고 ○○○ (서명 또는 날인)

○○지방법원 ○○지원 귀중

부동산처분금지가처분신청

채권자 ○○○
채무자 ○○○

목적물의 가액 : 금 36,545,466원
　　　인지대 : 10,000원
　　　송달료 : 28,800원
등록면허세 : 73,090원
교육세 : 14,610원
증지 : 3,000원
합계 : 144,500원

목적물의 가액 = 대지시가표준
대지시가표준 : 36,545,466원 = 공시지가×면적×가처분할지분
$36,545,466원 = (62,100 \times 668 m^2) + (29,900 \times 446 m^2) = 54,818,200 \times 2/3$

별첨
 1. 대한법률구조공단 생활법률 자동계산 - 목적물가액 계산
 1. 대한법률구조공단 생활법률 자동계산 - 보전사건 비용계산

※ 별지 6부

○○○지방법원 신청과 귀중

부동산처분금지가처분 신청서

채권자 ○○○
　　　　○○○○○
채무자 ○○○
　　　　○○○○○

목적물의 표시 : 별지 기재와 같음
목적물의 가액 : 금 36,545,466원
피보전 권리의 요지 : 공유물분할 청구권

신 청 취 지

　채무자는 별지 목록 기재 부동산(○○○ 지분 3분의 1)에 대해 매매, 증여,
저당권설정 그 밖의 일체의 처분행위를 하여서는 아니 된다.
라는 재판을 구합니다.

신 청 이 유

1. 채권자는 별지목록 기재 부동산의 3분의 1 지분 전부에 대해 ○○○ 강제
   경매로 인한 매각으로 최고가 매수 신고인이 되어 ○○○ 적법한 절차에
   따라 잔금을 납부하고, 소유권 이전 등기를 마친 진정한 소유자입니다.

2. 채권자의 채무자는 몇 차례에 걸쳐 별지 목록 부동산의 공유물 분할에 대
   한 협의를 했으나 원만히 진행되지 않고 있어 공유물분할 소송을 제기할
   준비 중에 있습니다.

3. 대법원 판례 2013마396호에 보면, 가처분의 피보전 권리는 가처분신청당
   시 확정적으로 발생되어 있어야 하는 것은 아니고, 이미 그 발생의 기초가
   존재하는 한 장래에 발생할 채권도 가처분의 피보전 권리가 될 수 있다고
   할 것이며, 부동산의 공유 지분권자가 공유물분할의 소를 제기하기에 앞

서 그 승소 판결이 확정됨으로써 취득할 타 지분권자에 대한 소유권을 피보전 권리로 하여 처분금지가처분도 할 수 있다 할 것입니다.

4. 또한, 공유물분할 소송에서 경매로 환가하라는 판결이 나와서 경매에 부쳐질 때 그전에 이미 별지 기재 부동산의 등기부상에 제한 물건을 채무자 및 제삼자가 소송진행 중에 채무자의 지분(3분의 2)의 등기부상에 올려놓은 상태에서 소제주의를 원칙으로 해서 경매가 되면 부동산상의 권리들을 말소시켜버리지만, 예외적으로 인수되는 권리가 있다고 하겠습니다. 결국, 매수인은 인수하는 만큼의 금액을 참작해, 그 권리를 떠안고도 이익이 있다면 응찰하므로 경매 매각대금은 시세보다 제한 물건의 금액만큼 저감된 금액으로 매각될 것이며, 채권자는 이때 자신의 지분에 상응하는 금액을 환가받지 못하는 지경에 이르게 될 것입니다.

※ 매각 뒤 인수해야 하는 권리
  경매 개시 기입등기보다 앞선 지상권, 지역권, 전세권, 가등기, 가처분, 환매등기, 등기한 임차권, 대항력을 갖춘 임차인, 예고등기

5. 보전의 필요성
  채권자는 채무자를 상대로 공유 지분에 대한 공유물분할 청구의 소를 바로 제기할 예정이나, 채권자가 본건 부동산 소재지를 방문한 결과 주변에서는 해당 부동산을 타에 처분한다는 말이 들리는 등 채무자가 소의 회피를 목적으로 제삼자 및 자녀 등에게 공유 지분을 처분할 염려가 상당하므로 장차 채권자의 승소 판결의 집행보전을 위해 이 사건 가처분 신청에 이르게 되었습니다.

6. 담보 제공
  보증보험사와 지급보증 위탁계약을 맺은 문서를 제출하는 방법으로 담보 제공을 할 수 있도록 허가해주시기 바랍니다.

첨 부 서 류

1. 내용증명 2부
1. 별지 부동산표시목록 6부
1. 부동산등기부등본 1부
1. 토지대장(공시지가) 1부
1. 건축물대장 1부

2020. 4. 1

위 채권자 ○○○ (인)

○○○지방법원 신청과 귀중

별지 목록

목적물의 표시
 토지의 표시 1. ○○리 ○○○ 대지 668㎡
 토지의 표시 1. ○○리 ○○○ 답 446㎡

가처분할 지분 : ○○○ 3분의 2

타 공유자의 지분에는 부동산 처분금지가처분을 신청하고, 공유물분할 청구 소송을 토지에만 제출한 공유물분할 소장이다.

안녕하세요, 선생님.

매번 긴 글을 쓰게 되어 많은 수고를 드리게 되는 것 같습니다. 선생님과 통화하고 나서 토요일에 1회, 어제 월요일에 1회에 걸쳐 타 공유자와 통화를 했고, 조금 허심탄회한 느낌으로 입장을 주고받았습니다.

결론은, 타 공유자는 대출받고 당신 지분을 사려는 데 건축물대장 문제가 있어 그런 것이지, 무슨 다른 것을 할 생각이 없다는, 원론적이고 당연한 말이지만 그런 입장이었고, 제 입장은, 포괄위임에 인감증명서를 첨부하는 자체가 위험한 행위인데 함부로 그럴 순 없다. 회장님도 같은 생각이다(상급자 법칙). 다른 방식을 찾지 못한다면 경매 넣겠다는 입장이었습니다.

그 후 어제 월요일 통화에서, 제가 그러면 이 위임장을 쓰는 조건으로, 위임장을 다른 곳에 사용하지 않겠다는 내용이 적힌 합의서를 쓸 생각이 있냐고 요청했고 타 공유자가 그럼 그 서류를 자기도 보고 여부를 연락해주겠다고 합니다. 합의서에 인감도장을 찍고 인감증명서를 첨부해서 우편을 보내라고 말할 생각입니다.

하여튼 그렇다면 결국 그 합의서의 내용에 따라 결정되는 사안이 되었고, ○○○ 그 부동산의 건축물대장 기재변경만 허용하며 다른 것은 강력하게 일절 허용하지 않는, 그러면서도 타 공유자가 보기에 뭔가 너무 강한 법적인 표현들이 들어가면 뭔가 깨져버릴 것도 같은 그런 상태에서, 지금 작성한 동의서를 첨부했으니 선생님께서 보고 검토해주셨으면 합니다.

마지막 부분에 '만약 이를 어길 시 어떻게 하겠다'라는 말은 제가 쓰기에 감이 잡히지 않아 쓰지 못했습니다. 또, 세움터의 담당자와 연락했고, 위임장의 내용을 조금 수정해서 포괄 위임을 → 한정 위임으로 / 내용에 세움터를 통한 건축물대장 기재사항 변경에만 사용한다는 문구를 넣어줄 것을 요청했고, 며칠 있다가 답변을 준다고 합니다.

이것은 일단 그냥 기다려야 하니 할 수 있는 것은 없지만, 일단 이 파일도 첨부했으니 혹시 된다고 했을 때 문제가 없는지 봐주셨으면 감사드리겠습니다.

그 외 문제점으로, '나는 토지 지분권자인데 건축물대장 기재변경에 내 위임장이 필요한가?'라는 궁금증을 문의해본 결과, 사안에 따라 그럴 수 있다는 답변을 받아 사실인 것으로 보이며, 제가 이직하며 신경 쓰지 않던 5월 초쯤 새마을금고에 대출 의뢰를 한 것을 확인했고, 세움터에 의뢰하고 위임장이 오는 타임라인을 계산해보면 거짓은 아닌 것으로 보입니다.

지금 마지막 하나 걸리는 것은, 통화할 때 타 공유자가 말하길, 세움터에 의뢰하며 합계 약 400만 원을 냈다는 것인데, 그 정도 돈은 있지만 3400만 원가량의 돈은 없었다고 하면 말이 되는 부분이고, 또 어떻게 보면 그때 선생님 말씀처럼, '그런데 쓸 돈은 있네?' 하는 생각이 드는 부분도 있습니다.

결론적으로, 어차피 경매 진행하려던 거 만약 타 공유자가 저를 속이려고 한다고 해도 합의서에 따라 기재변경 외 다른 업무를 할 수 없다면 크게 타 공유자에게 돌아가는 이익도, 제가 보는 손해도 그리 크지 않다면 한번 속는다 생각하고 진행해 본 후, 안 되면 경매 넣겠다는 생각이 들고 있습니다.

하지만 제가 생각하지 못한 위험 요인도 있을 것이기에 제가 이렇게 진행해도 될지 선생님의 결정을 요청드리며, 합의서의 내용을 검토해주시길 부탁드립니다. 제가 믿을 사람이 선생님밖에 없으니 자꾸 긴 글을 보내게 됩니다. 지금 제 처지가, 이직하며 처음으로 직책을 가졌고 책임감 있게 직장에 적응해야 함과 동시에 이런 일까지 완벽하게 처리하려니 계속해서 생각을 멈출 수가 없어 조금 지쳐 있고 그래서 뭔가 더 의지하게 됩니다.

항상 도와주시고 글을 읽어주셔서 감사드립니다. 이렇게 저를 도와주셨던 것들이 선생님께 좋은 것들로 돌아가기를 기도하겠습니다.

이후 타 공유자와 협의가 되지 않아 형식적 경매로 토지 지분만 넘어가게 되었다는 내용의 글이다.

안녕하십니까. 선생님.

오랜만에 인사드려요. 시간이 참 빨리 지나갔네요. 제가 선생님을 처음 뵈었을 때가 30대 초반이었는데, 벌써 중후반으로 넘어갑니다. ○○ 토지가 경매 매각기일이 이번 7월 4일로 잡혀 있는데, 이와 관련해서 문의드리고자 합니다.

토지는 답, 대의 2필지가 붙어 있습니다. 예전에 거의 협상에 다다랐다가, 답 위에 불법건축물이 있는 문제로(타 공유자가 농취증을 발급받을 수 없음) 선생님께 조언을 받고 그대로 말씀드렸으나 타 공유자의 의지로 협상이 되지 않았습니다. 경매를 기다리던 중 농어촌공사에서 농촌용수개발사업 감정평가를 실시한다고 우편이 도착했습니다.

답 중 일부만 보상계획을 한다고 해서 확인해보니, 이미 답은 ○○○번지로 등기상 분류가 되어 있고, 그 부분을 가져간다고 합니다. 굉장히 작은 부분입니다. 금액은 340만 원으로, 금액으로 보나 형태로 보나, 무엇보다 경매를 풀고 팔아야 함으로 응하지 않을 생각입니다. 개발 목적은 지하에 수로 파이프 설치를 한다고 합니다. 매각통지서가 발송되었고 날짜 7월 4일, 1차 금액 3,700만 원입니다.

그런데 조금 헷갈리는 일이 있습니다. 얼마 전, 타 공유자의 사촌 동생이라는 분께 왜 아직까지 처리 안 했냐고 ○○○님을 탓하고 난 후 전화하는 거라고 하며 금액은 얼마 생각하냐, 협의를 봐야 하지 않겠냐, 이후 협의를 잘해보자, 이 정도의 대화만 하고 끊었고, 다음 주 중에 한번 만나자고 문자가 와서 조율해보겠다고 합니다. 그런데 말투나 그런 부분에서 전화 당시에도, 굉장히 뭔가 돈이 많거나 이런 일을 잘 아는 사람이라는 생각을 했습니다. 결론은 이 사람이 타 공유자의 법무사이지 않나 싶습니다.

그리고 며칠 전, 타 공유자에게 전화가 왔습니다. 사촌 동생과 통화했다고 하니 그런 사람은 없다고, 아마 예전 자기 법무사였을 것 같다고 말합니다. 어쨌든 대화를 나누었습니다.

타 공유자의 입장은 '협의한 가격으로 자기가 대출을 받은 후, 다음 주 중으로 바로 그 금액으로 소유권이전을 하는데, 농취증 발급을 위해 원상복구하는 데 거의 가을까지 걸릴 것 같다. 그러니 이번 거래에서 협의한 가격을 다 주는데, 답만 빼고 대지만 이전을 일단 해놓고, 나중에 원상복구 후 농취증을 받으면 그때 답을 이전해주시라 돈은 바로 드리는 것이니 손해는 없다'라고 말씀을 하고 저도 그렇게 생각은 됩니다.

하지만

1. 이런 식으로 거래가 되는 것인지, 또 위험성이 없는지 궁금합니다. 변수적인 행동을 잘 해왔고, 이번 거래 형태도 정상적이지는 않으니 혹시나 어떤 위험성이 있는 것이 아닌가 하는 생각이 듭니다. 토지 거래 자체가 아예 처음이라 더 그런 것 같습니다.

2. 결론적으로 저 사촌 동생이라는 사람은 없고, 자기가 예전부터 같이하는 법무사일 것 같다고 합니다.

다시 전화해서 누구냐고 하면, 사촌 동생이 아니라면 그대로 잠수해버릴 것이 아니겠습니까. 일단 놔두고 있는데, 결국 법무사와 통화했던 것일 가능성이 큰데, 그 사람이 거짓말한 이유, 금액을 물어본 이유, 그리고 만나자고 한 이유가 분명 있을 것인데 전혀 포인트를 잡지 못하겠습니다.

차라리 낙찰희망자가 거짓말하고 접근한 거라면 속아줬다고 생각할 텐데, 그렇게도 생각은 되지만 지금 저와 타 공유자와의 상황들을 먼저 묻지 않아도 많은 부분을 알고 있었습니다,

정말 타 공유자의 법무사라면 무엇일까요.

읽어주셔서 감사합니다.

동 의 서

신청자   : ○○○
주민등록번호 :
주소   : ○○○

동의자   : ○○○
주민등록번호 :
주소   : ○○○

신청자(이하 A)와 동의자(이하 B)는 대출 실행 후 토지 지분 매매를 위해 다음 항과 같이 동의하며 상호 성실히 이행할 것을 합의함.

= 다음 =

1. A는 B의 요청에 따라 세움터에서 진행하는 ○○○의 건축물대장 기재변경을 위한 위임장을 작성해 세움터에 제출한다. (인감증명서 첨부)
2. B는 위 위임장을 ○○○의 건축물대장 기재변경 후 대출 제한 요건을 해결해 정상적인 대출 실행을 위한 용도로만 사용한다.
3. B는 이를 통해 새마을금고 ○○지점 및 기타 금융기관에서 대출실행을 완료하고, 대출 완료 2일 이내 A의 ○○○ 토지 각 지분을 일시불 전부 매수한다.
4. B가 동의서와 다른 이외의 행위(대출 실행 후 2일 이내 토지 지분 매수를 하지 않거나, 위임장을 건축물대장 기재사항 변경 외 다른 용도로 수익 및 사용, 그 외 일체의 합의 이외의 행위) 시

결국 진행되던 공유물분할 소송은 취하하고 대지 지분만 타 공유자와 협상에 의해서 대출 실행 후 매도한 사례다.

지분경매의
낙찰가율

낙찰가율
검색 및 분석

　지분경매를 입찰하기에 앞서 먼저 입찰 물건 지역의 과거 낙찰가율을 조사한 뒤, 비슷한 물건에 대한 낙찰가격을 예상해 낙찰 확률을 높이는 기법에 관해 공부해보자. 일단 낙찰을 받아야 투자할 수가 있기 때문이다.

　입찰 전에 많은 시간과 비용을 투자해 분석하고, 임장도 하지만 결국 낙찰받지 못한다면 지분경매 투자를 계속할 것인지에 대해 고민하게 되고, 이러한 일이 반복되면 결국 투자를 포기하기에 이른다.
　지분경매 공부를 해서 소송과 협상을 마스터해도 낙찰받지 못한다면 이 같은 공부가 무슨 소용이 있단 말인가?

　그렇다면 이렇게 어려운 입찰가격을 산정하는 노하우는 어떻게 분석해야 하는지 살펴보자. 입찰지역의 과거 낙찰사례나 낙찰가격을 조사한 뒤, 근접한 가격을 낙찰가격으로 결정해 입찰에 응해야 할 것이다.

예를 들어, 경기도 지역에서 과거 2년간 300건의 경매 물건이 나왔고, 각각의 물건은 감정평가된 금액 대비 65% 가격에 낙찰되었다고 가정하자. 이런 지역에 비슷한 경매 물건이 나왔을 때, 낙찰가율(낙찰가격/감정가격)은 어느 정도로 예상해볼 수 있을까. 아마도 65% 정도가 될 것이다.

태인경매 사이트 및 다양한 부동산 경매 사이트를 활용하면 시간과 비용을 절감하면서 데이터를 수집할 수 있다. 실험 대상물이 많을수록 통계적 가치가 높다. 최대한 자료를 수집할수록 높은 확률로 낙찰가격을 산정할 수 있게 된다.

먼저, 사설 사이트인 '태인경매'를 통해 낙찰자료들을 분석해보자.
태인경매 홈페이지 상단 2번째를 보면 '낙찰통계'가 있으니 이 메뉴를 눌러서 지역별로 용도별 감정가격, 유찰 횟수, 면적 등 여러 경우의 수를 넣고 검토해볼 수 있다. 심지어 응찰자 수도 나오니 엑셀 파일에 입력해서 경우의 수 및 통계를 산정해서 입찰에 응용하면 낙찰될 확률이 높아질 것이다. 금일 낙찰 결과, 주간 통계 및 지분경매 물건만 별도로 검색해서 분석할 수도 있다.

출처 : 태인경매정보

○ 낙찰통계요약 (대상기간: 2022.04.11 ~ 2023.04.11)

토지

총건수	5,616건			25.37%
		낙찰건수	1,425건	낙찰율
진행건수	5,037건			28.29%

입찰자수	3,738명	입찰경쟁율	2.6 대 1
감정가총액	665,966,542,880원	낙찰가총액	414,288,644,739원
총낙찰가율	62.21%	월평균변화율	-7.26%
평균낙찰가율	64.15%	월평균변화율	-4.82%
표준편차	±24.31%	사분위수(±25%)	최대 : 77.90% / 최소 : 49.18%
평균입찰소요기간	304일 (10.1개월)	평균낙찰소요기간	416일 (13.9개월)

➕ 용어안내

총건수 : 매각공고된 물건수   **진행건수** : 실제 입찰이 진행된 물건수(낙찰+유찰)
총낙찰가율 : (낙찰가총액 / 감정가총액) x 100
평균낙찰가율 : 물건별 낙찰가율의 합계 / 낙찰건수
사분위수(±25%) : 상하위 각 25%를 제외한 나머지의 최대 및 최소 낙찰가율
월평균변화율 : 2022년 04월 기준 검색기간 내의 월별 낙찰가 평균의 변화율
평균입찰소요기간 : 경매개시결정일부터 첫 매각기일까지 소요기간
평균낙찰소요기간 : 경매개시결정일부터 낙찰일까지 소요기간

○ 최근1년 지역/기간별 통계 (대상기간: 2022.04.13 ~ 2023.04.13)

▪ 경기

지역통계		경기		
기간	용도	낙찰가율	평균낙찰가율	낙찰건수
1년간 평균	토지	74.58%	80.58%	1,993
6개월 평균	토지	68.66%	74.75%	955

🖨 인쇄 📥 엑셀저장

○ 물건별 낙찰결과

사건번호 ⇕	소재지	용도	감정평가액 ⇕ 낙 찰 가 ⇕	낙찰가율 ⇕	응찰자수 ⇕	입찰일 ⇕
2022-101206	경기 과천시 과천동 ▨▨-▨	전	640,209,520 1,000,777,777	156.32%	2명	2022/11/22
2022-77626	경기 포천시 내촌면 신팔리 ▨▨▨-▨	전	17,143,000 17,150,000	100.04%	1명	2023/02/21
2022-77350	경기 양주시 백석읍 가업리 ▨▨▨-▨	전	320,931,000 320,950,000	100.01%	1명	2023/03/16
2022-75835	경기 연천군 전곡읍 양원리 산▨▨-▨ 외 1개 목록	임야	635,374,100 650,000,000	102.30%	1명	2022/12/13
2022-75408	경기 양주시 남면 두곡리 ▨▨	답	186,684,000 152,000,000	81.42%	3명	2023/03/30
2022-74955	경기 포천시 신읍동 ▨▨▨-▨ 외 3개 목록	전	233,055,000 256,100,100	109.89%	1명	2023/01/13

출처 : 태인경매정보

다음으로 활용할 수 있는 방법은 조회 수를 분석하는 것이다. 누적 조회 및 관심 등록을 살펴보고 분석해 입찰가격을 산출해볼 수 있다.

여기서 필수적으로 보는 것이 당일 조회 수다. 입찰하는 날, 그 물건에 입찰할 사람은 최소한 경매 사이트에서 그 물건이 취하되었는지, 변경, 연기되었는지 등 물건의 상태를 파악한 후에 경매 법원으로 향할 것이기에 입찰하는 사람들의 생각을 분석해볼 수가 있다. 나의 입찰 물건의 경쟁자들이 남긴 분석 흔적을 찾아보는 것이다.

이것을 통해 우리는 입찰가격을 결정해야 한다. 감으로만 입찰가격을 결정하면 안 된다. 다시 말해, 조회 수 분석을 통해 통계를 내 지분경매 낙찰가격을 과학적으로 산출해내는 방법을 연구하고 탐구하기를 권한다.

지분경매의 파생상품

제1판 1쇄 2023년 8월 17일

지은이 조홍서
펴낸이 한성주
펴낸곳 ㈜두드림미디어
책임편집 최윤경, 배성분
디자인 노경녀(nkn3383@naver.com)

㈜두드림미디어
등 록 2015년 3월 25일(제2022-000009호)
주 소 서울시 강서구 공항대로 219, 620호, 621호
전 화 02)333-3577
팩 스 02)6455-3477
이메일 dodreamedia@naver.com(원고 투고 및 출판 관련 문의)
카 페 https://cafe.naver.com/dodreamedia

ISBN 979-11-93210-08-6 (03320)